STOP AND START

위대한 설교자가 되는 길

김선혁 지음

들어가는 말

오늘날 교회를 담임하고 있는 목사들에게 목회에서 가장 큰 어려움이 무엇이냐고 물으면 여러 가지 사역 중에서 설교를 1순위로 꼽는다. 많은 목회자들이 설교가 가장 어렵다고 한 이유는 무엇일까? 제대로 설교를 준비할 시간이 부족하기 때문이다.

우리나라 목회자의 90%는 100명 미만의 소형교회에서 목회하고 있다. 소형교회는 목회자가 해야 할 일들이 산더미처럼 많이 쌓여있다. 성도들의 예배 참석을 위해 차량운행을 비롯해 전도, 심방, 예배당 청소, 세미나 참석 등. 교회의 잡다한 많은 일들을 위해 1인 다역을 하고 있다. 그러다 보니 설교 준비를 위해 시간을 정해 놓고 책상에 앉아 있을 여유가 없는 것이 소형교회 목사들의 현실이다. 대부분의 설교자는 한 주 평균 9~12편의 설교를 한다.

설교자의 꿈은 일주일 동안 하나님과 깊은 영성 속에서 설교 준비만 하고 싶다. 그러나 소형교회를 담임하는 많은 목회자들은 그럴 시간이 없다. 그래서 설교가 목회에서 가장 어려움을 주는 1순위가 된 것이다.

가장 가슴 아픈 소식은 설교 표절에 대한 것이다.

은평구 ㅎ교회 목사도 표절로 사임하게 되었고, 뉴욕 Q교회의 L목사 역시 설교표절로 사임하게 되었다.

설교는 하나님의 음성을 성도들에게 들려주는 은혜의 통로이다. 따라서 감동과 설렘을 갖고 성도들에게 전하고 싶은 것이 설교자의 간절한 소망이다. 그런데 그런 설교가 목회자들에게 짐이 된 것이다.

방송국 앵커를 보면 보도국에서 넘겨받은 자료를 자신의 표현으로 다듬고 호소력 있게 전달하기 위해 하루 종일 연습한다. 그러나 설교자는 본인이 모든 것을 다 준비해서 설교내용을 만들고, 그리고 앵커처럼 전달까지 해야 한다. 그 모든 과정을 본인 혼자서 다 감당해야만 한다. 그래서 목회자에게 설교가 가장 힘든 사역이 되어 버렸다.

그렇다면 이런 문제를 해결할 대안은 없는가?

물론 있다. 설교자가 자신의 설교에 분명한 프레임 Frame을 가지고 있다면 이 문제는 확실하게 해결될 수 있다.

화가들을 보자! 그들이 그림을 그리려고 붓을 들 때는 이미 자신이 갖고 있는 프레임을 따라 그림을 그리기 시작한다. 이와 같이 설교자에게도 분명한 프레임이 있다면 설교는 달라진다. 자신감 있는 설교를 할 수 있고, 기복이 없는 설교, 분명한 목적이 있는 설교, 설교의 이미지화가 가능하게 된다. 또한 설교의 클라이맥스 조절이 가능하며, 본인 스스로가 설교의 피드백도 할 수 있다. 심지어 지난주 설교도 그대로 재현할 수 있다. 그리고 가장 중요한 것은 설교의 프레임을 갖고 있는 설교자는 설교 준비하는 시간을 획기적으로 단축할 수 있다는 사실이다.

필자는 미국에서 신학공부를 하고(Th.B/M Div) 미주한인대한예수교장로회(KAPC) 소속으로 미국에서 목회를 했다. 미국 남가주(CA, INLAND 지역) '샘솟는 교회'에서 담임목사로 사역하던 중 S.T.P.(School of Trans Preaching) 설교학교를 만나 한국에 와서 한국 S.T.P. 1기~6기까지 설교학교 강사로서 최선을 다해 사역했다.

한국 S.T.P. 1기에서 6기까지 많은 목회자를 섬기면서 안타까웠던 것은 1년 동안 많은 돈과 시간을 들여 프레임을 배웠음에도 불구하고 시간이 지나갈수록 프레임을 제대로 활용하지 못한다는 것이었다. 왜 그런가? 그 이유를 이 책에서 분명하게 밝히고자 한다.

S.T.P.에서는 분명 설교를 잘할 수 있도록 센텐스 프레임 Sentence Frame 74개, 또는 서브 프레임 Sub Frame 15개, 골든 라인이라는 것까지 제공해 주었다. 이렇게 많은 것을 배웠음에도 불구하고 프레임을 잘 사용하지 못하는 것은 결코 S.T.P. 이론에 문제가 있는 것이 아니다. S.T.P. 이론은 신비에 가까울 정도로 잘 정돈된 탁월한 설교 프레임이다. 문제는 내게 잘 어울리는 옷이 있듯이 자신에게 맞는 설교 프레임이 있음에도 불구하고 그것을 찾아 사용하지 못한 결과이다.

이 책에서는 S.T.P. 이론과 프레임을 소개할 것이다. 물론 설교는 하나님께 받아서 영성으로 하는 것이지만 좀 더 좋은 툴TOOL을 갖고 있다면 더 좋은 시너지 효과를 누릴 수 있는 것이다.

따라서 이번 책에서는 프레임 설교가 어떤 것인지 확실히 알 수 있도록 모세시리즈 11편의 설교와 서브 프레임 설교 1편을 구체적으로 제공하고자 한다. 특히 설교의 구성과 구상이 어떻게 전개되었는지 설교의 프레임이 어떻게 구성되었으며, 프레임으로 접근해서 프레임의 효과와 효능이 어떻게 달라지는가를 분명하게 보여줄 것이다. 그리고 그 다양한 프레임 중에 설교자 본인에게 가장 잘 맞는 프레임의 옷을 찾을 수 있도록 도와주고자 한다.

1인 다역의 사역을 할 수밖에 없고 시간에 쫓길 수밖에 없는 현실에서도 설교자는 말씀 전하는 사역자로 부름 받았기에 "나는 정말 위대한 설교자가 될 수 있는가?" 하는 질문에 이 책은 "당신은 위대한 설교자가 될 수 있다"고 분명하고도 확실하게 답을 줄 것이다.

그래서 이 책의 제목도 'STOP AND START'이다. 그동안 해오던 설교를 잠시 멈추고 내게 잘 맞는 옷, 잘 어울리는 프레임을 찾아 다시 설교를 시작해 보자는 의미이다.

지금도 목회 중에 가장 힘들고, 어려운 것이 설교라고 한다면 이 책을 통해 간결하고 확신 있는 설교를 구상하는데 길잡이가 되길 원한다. 부족하지만 목회자들에게 진정으로 도움이 되고 싶다. 또한 주의 나라와 영혼구원에 앞장서서 최선을 다해 달려가는 모든 설교자들에게 선물을 드리고 싶은 마음으로 이 책을 펴낸 것이다.

마지막으로 이 책이 나오기까지 물심양면으로 헌신해주신 신용순 권사님, 편집을 위해 꼼꼼하게 살펴주신 문행란 집사님, 출판에 앞장서서 진행해주신 하야방송, '충만한교회' 성도님을 비롯해 우리가족과 하늘에 계신 우리 어머니 최정덕 권사님, 그리고 하나님께 감사와 영광을 올립니다.

"여기에 나온 모든 이론은 STP에서 필자가 직접 가르치고 소개했던 내용만 중심으로 소개하려고 한다."

추천의 글

목회자에게 있어 설교는 목회의 꽃이라 말을 합니다. 꽃이 피어야 벌, 나비도 날아들고 열매도 맺을 수 있기 때문입니다. 변화무쌍한 시대 속에서 설교자는 복음의 본질인 하나님의 말씀이 시대나 문화적 공간에 따라 적절하고도 효과적인 방법으로 선포될 수 있어야 되는데 그러기 위해서는 먼저 하나님의 말씀에 대한 철저한 이해와 분석이 선행되어야 합니다.

"위대한 설교자가 되는 길" 이 책은 설교의 구성이나 프레임적 사고를 통해 무엇을 어떻게 전달해야 하는지에 대한 구체적인 설교 작성법을 제시해 줄 뿐만 아니라 기존의 익숙해져 있는 설교의 방법을 뛰어넘어 하나님의 목적과 의도를 더 정확히 볼 수 있는 관점을 갖도록 하고 있습니다.

설교를 위해 고민하며 날마다 씨름하는 한국교회 목회자들에게 위의 고민을 해결해주는 매력적인 단비가 될 것이라 사료되기에 강력히 이 책을 소개합니다.

부디 이 책이 매주 열정적인 목회일념을 갖고 설교를 준비하는 한국교회 목회자들에게 큰 도움이 되길 바랍니다.

기독교 대한감리회/ 예인교회 김영삼 목사

추천의 글

목회자로서 항상 설교에 대한 고민과 무거운 짐이 있었는데 김선혁 목사님이 저술하신 "위대한 설교자가 되는 길"이란 책을 통해 설교의 무거운 짐에서 해방된 것 같습니다. 특히 이 책은 청중 적용을 효과적으로 전달할 수 있는 살아있는 설교 교과서와 같습니다. 설교를 하는 목사로서 기다리고 기다린 책이며 앞으로 귀한 책을 통해 많은 설교자들이 기쁨과 유익을 얻을 것을 확신합니다.

목회자는 설교하는 사람입니다. 설교하고 싶어 목회자가 된 분들도 있고 본인도 그렇습니다. 그러나 목회자의 가장 큰 부담은 설교입니다. 목회의 짐이 설교이며, 설교가 곧 목회인 것 같습니다. 설교의 도움과 설교의 힘을 주는 것은 목회자에게 가장 큰 도움입니다. 김선혁 목사님이 서술하신 "위대한 설교자가 되는 길"은 현장에서 임상한 설교학이며, 또한 설교의 부담이 있는 목회자에게 설교의 즐거움을 선사한 아주 탁월한 책입니다. 특히 강의와 책을 통해 설교 프레임을 습득하고 개인에게 맞는 프레임을 가진다면 "위대한 설교자"가 되는 이정표가 될 것을 확신합니다.

대한예수교장로회(합동) 선수교회 구자철 목사

추천의 글

위대한 설교자가 되는 길이라는 책은 신학교 7년 동안 한 번도 들어 본 적 없는 주옥같은 보배로운 책입니다. 설교의 새로운 프레임이 구성되며 설교의 새로운 장이 열려 성경의 진리를 발견할 수 있습니다. 설교준비를 항상 책상과 컴퓨터에 앉아서 했지만 이 책을 통해 설교는 책상에서만 준비하는 것이 아니라 언제 어느 곳에서든지, 어떤 장소에 구애받지 않고 설교를 준비할 수 있다는 것을 알게 되었습니다. 또한 프레임 설교를 통한 설교의 기쁨을 목회 현장에서 경험하고 있습니다. 그리고 이제는 그 설교 시간이 기다려져 나에게 행복한 기다림이 되었습니다.

대한예수교장로회(합동) 서문교회 박수평 목사

추천의 글

　30여년을 목회하면서 가장 부담되고 어려운 것이 설교였습니다. 이 부담되고 어려운 설교를 끌어안고 씨름하다가 오랫동안 S.T.P.를 통해 설교자들을 도왔던 저자를 통해 설교의 새로운 프레임을 접하게 되었습니다. 아주 기초적인 몇 가지 이론을 소개받은 것만으로도 설교에 대한 생각이 바뀌게 되었습니다. 그리고 그 이론을 적용한 설교를 들은 아내는 '설교가 흐름이 있고 핵심이 있다'며 놀라워 했습니다. 설교에 대한 부담과 어려움에 대한 한 그릇 시원한 생수를 맛보게 되었습니다. 그래서 설교의 진수를 배우기를 간절히 열망하였는데 "위대한 설교자가 되는 길"이라는 책이 출간 되었습니다. 너무나 기쁘고 감사한 일입니다. 이 책은 설교를 부담과 어려움으로 여기던 설교자들에게 그 굴레에서 벗어나 빨리 성도들에게 설교하고 싶어 주일을 기다리는 위대한 설교자로 만들어 줄 것입니다.

대한예수교장로회(합동) 사랑교회 원용덕 목사

추천의 글

설교를 어떻게 구상하고 구성하는지를 이 책은 자세히 말해주고 있습니다. 물론 이 책에서 소개하고 있는 이론과 내용도 중요하지만 더 중요한 것은 설교자가 확신과 자신감을 갖고 설교하는 것입니다. 바로 "위대한 설교자가 되는 길" 책에서 그 확실한 답변을 해주고 있습니다.

사람은 어느 누구에게나 기질과 스타일이 다릅니다. 마치 혈액형이 다양하듯이 설교도 유형이있습니다. 그러므로 이 책을 보게 되면 지금 목회자(자신)가 하는 설교가 '과연 윤리적(율법)인가? 목회적인가?(교회) 신앙적(은혜)인가? 영적(복음적)인가?'를 정확하게 진단하게 되며, 이 책을 통하여서 바로 목회자(자신)에게 딱 맞는 옷을 찾게 될 것입니다. 그리고 이 책을 접한 순간부터는 설교에 대한 자유함을 누리게 될 것입니다.

서점에 설교에 관한 책들이 많이 나와 있지만 이 책은 목회자(자신)에게 목회자(자신)가 하고 있는 설교를 정확하게 진단해 줄 것입니다.

그러므로 이 책 한권 정도는 꼭 서재에 꽂아 두어야할 책이라고 추천하며, 목회자에게는 필독서(책)라고 감히 추천합니다.

대한예수교장로회(합동) 풍성한교회 조창대 목사

Introduce • • •
프레임 소개

프레임Frame이란 구조다. 틀이다.

어떤 것이든 내가 갖고 있는 틀 안에 마음대로 넣어서 배열할 수 있는 것이 프레임이다.

세상의 모든 글들은 프레임이 존재한다. 가장 인기가 많다는 김OO 작가의 글을 보면 내용은 다르지만 일정한 프레임으로 작성한 것을 볼 수 있다. 대부분의 인기 작가들은 자기만의 프레임을 갖고 있다. 헤밍웨이가 쓴 「노인과 바다」도 읽어보면 분명한 프레임으로 작성된 것을 볼 수가 있다. 그러나 아마추어 작가들은 일정한 프레임이 없다.

영화도 마찬가지다. 인기가 많다는 임OO감독, 김OO감독, 또는 봉OO감독들도 자기만의 영화 프레임이 존재한다. 그래서 영화를 보면 내용은 다르지만 일정한 패턴을 볼 수 있다. 그 프레임으로 만들어진 영화가 상영관에 올라갔을 때 흥행의 성공을 가져온다. 만약 프레임 없이 영화를 만들었다면 인기 감독이라는 명칭도 얻지 못했을 것이다.

영화 007시리즈를 보면 어떤가? 첫 장면과 끝나는 장면이 공통적으로 나오며 주인공과 여자관계가 반드시 나온다. 코미디 프로그램은 어떤가? 이것 역시 프레임이 존재한다. 우리나라에서 대표적인 코미디 프로그램 중 개그콘서트가 있다. 개그콘서트에서도 확실한 프레임을 볼 수가 있다. 매번 똑같은 형태와 일정한 논리, 똑같은 캐릭터, 똑같은 언어를 사용한다. 이것이 개그콘서트의 프레임이다. 그러나 분명 내용은 다르다.

프레임이란? 자신의 논리나 주장을 상대에게 전달할 때 좀 더 효과적으로 전달하는 방법으로서 어떤 논리나 감성, 의지적 표현들을 일정한 틀 안에서 하는 것을 말한다.

모든 글에는 프레임이 존재한다. 잠언이나 시가서에도 발단, 전개, 위기, 절정, 결말의 프레임을 볼 수 있다. 프레임은 누구나 다 가지고 있다. 상대방과 몇 분 동안 대화를 나누다보면 그 사람이 말하고자 하는 논리가 있다. 이것 역시 프레임 안에 존재한다.

모든 언어는 문법으로 구성되어 있는데 이를 확대하면 논리가 되고, 그 논리를 통해 언어의 프레임이 된다. 사람마다 말하는 스타일, 습관이 결국 그 사람의 프레임이다. 세상에 존재하는 모든 글, 대사, 영화, 소설, 작품, 그림에는 프레임이 존재한다.

그런데 설교자가 자신이 가지고 있는 프레임이 없다면 설교의 구성과 구상을 만들기가 얼마나 힘들겠는가? 가뜩이나 설교할 시간조차 낼 수 없는 상태에서 프레임 없이 설교를 만들어 낸다는 것은 정말 힘든 작업이다. 그러므로 설교에 나의 프레임이 있느냐 없느냐는 매우 중요하다.

프레임은 권법과 같다. 상대방과 싸움에서 권법 없이 싸우는 사람과 권법을 갖고 싸우는 사람의 승패는 차이가 있듯이 프레임을 갖고 작성하는 설교자는 일정한 흐름을 유지한다. 설교의 논리가 정확하다. 설교의 기복이 없다.

반대로 프레임이 없는 설교자는 기복이 심하다. 어떤 날은 엄청난 에너지를 쏟아 붓는 은혜가 있고, 어떤 날은 잘 준비된 설교인데도 청중들은 싸늘한 반응을 보인다. 그래서 설교자가 다짐하길 '다음에 제대로 준비해야지' 하고 강단을 내려오지만 설교의 기복은 어쩔 수 없다.

이유는 무엇인가. 답은 간단하다. 설교의 프레임이 없기 때문이다. 어떤 날은 정말 열심히 설교준비 하고자 주석도 찾아보고, 같은 본문으로 설교한 유명한 설교자의 설교도 들어 보고, 최선을 다해 짜깁기를 했다. 이렇게 준비를 하고 설교했지만 결과는 어떤가? 설교에 에너지도 없고, 청중들은 졸고 있고, 또 어떤 청중은 딴청을 피우고. 이런 상황을 어떻게 이해할 것인가?

그런데 더 재미있는 사실이 있다. 어떤 날은 시간이 없어서, 교회 일이 바빠 어쩔 수 없이 설교준비를 못했다. 하나님 앞에 너무 죄송스럽고 부끄러운 마음으로 성경본문만 겨우 잡고 성령께 의지하고 올라갔는데 청중들의 반응은 깜짝 놀랄 정도다. 모두 말씀에 집중하고 있었고, 내 입술에서도 불이 나가는 듯했다. 그리고 강단에서 내려올 때 청중들은 목사의 손을 잡고 모두 은혜 받았다고 한다. 이것은 또 어떻게 이해해야 하는가?

전자는 설교준비를 많이 하였지만 프레임은 존재하지 않았고, 후자는 설교준비를 못했지만 나만이 갖고 있는 프레임의 논리로 설교가 진행되었기 때문이다. 한국 대형교회 설교자들은 프레임이 존재한다. 자기만의 프레임이 있고 그 논리로 설교준비를 하고, 그 논리를 따라 프레임으로 설교가 진행되었기에 설교에 큰 기복이 없는 것이다.

그래서 설교에 있어서 프레임은 권법과도 같다. 프레임이 존재하기에 설교를 잘할 수 있고, 프레임의 논리에 따라 정확하게 전달되기 때문이다. 프레임이 있으면 단시간에 설교를 만들 수 있고, 설교를 향상시키는데 있어서도 탁월하다. 무엇이 잘못되었는지를 즉시 파악할 수 있고, 잘못된 부분을 즉석에서 고쳐서 설교할 수도 있다.

프레임을 갖고 있는 설교자의 특징은 자기만의 색깔과 스타일에 따라 작성할 수도 있으며 특성과 취향에 맞게 직접 요리해서 만들 수도 있다. 설교 표절에 대한 자유함도 있다.

프레임의 역할은 집의 기둥과 대들보와 같다. 설교의 골격이 바로 프레임이라 할 수 있는 것이다. 또한 프레임은 기초와 완성을 볼 수 있는 설계

도면과도 같기에 프레임 없이는 설교의 좋은 구조를 만들 수 없다.

사도바울의 서신서에서도 프레임이 있다. 이 프레임을 통해 논리적 구조를 만들고 논리성과 형평성을 유지한다. 서신서의 도입부분에는 사도성을 밝히고 동역자에게 인사와 감사로 시작하며 본문 내용은 편지의 수신과 발신자에게 하나님과 예수의 이야기, 사역의 열매에 관하여 언급한다. 그리고 감사로 마무리한다. 이것이 사도바울의 프레임이다.

이렇게 프레임을 강조하는 이유는 반드시 프레임을 갖고 설교를 만들어야 하기 때문이다. 프레임이라는 관점으로 설교할 때 지금까지 설교했던 것보다 더 자신감을 가질 수 있고 상승효과를 기대할 수 있다. 설교의 기복도 줄일 수 있으며 설교를 책상에 앉아서 준비하는 것이 아니라 차를 타거나 운전을 할 때, 또는 침대에 누워서도 프레임이라는 관점을 가지고 묵상하면 설교의 자료들이 무수히 떠오를 것이다.

그것이 나만이 갖고 있는 설교의 패턴이요, 프레임이다. 프레임은 나만의 독특성을 유지할 수 있고, 세상의 어느 설교자보다 자존감을 높일 수 있기에 프레임을 알아야 하고 내 것으로 만들어야 한다.

CONTENTS

들어가는 말 ··· 005

추천의 글 ··· 010

Introduce
프레임 소개 ·· 016

Part 1. ·· 025
설교의 구상과 구성
[모세 시리즈1] 절망 속에 핀 꽃 ···················· 032

Part 2. ·· 053
설교의 관점
[모세 시리즈2] 슬픔이 기쁨으로 ··················· 062

Part 3. ·· 077
설교의 이미지
[모세 시리즈3] 내려놓음 ······························ 084

Part 4. ·· 101
설교의 메인 아이템 워드
[모세 시리즈4] 무엇을 잡을 것인가? ············ 108

Part 5. ·· 127
설교의 시작은? 마음 열기
[모세 시리즈5] 전리품을 손에 들고서 ··········· 132

Part 6. ··· 147
포인트 워드
[모세 시리즈6] 구원의 작전 ································ 156

Part 7. ··· 171
청중 적용에 대해
[모세 시리즈7] 보이지 않는 비밀 ······················ 178

Part 8. ··· 193
결단에 대해서
[모세 시리즈8] 누군가 널 위하여 ······················ 200

Part 9. ··· 213
진주어로 설교하기
[모세 시리즈9] 아름다운 땅 ································ 222

Part 10. ··· 235
라인(Line) 설교에 대해서
[모세 시리즈10] 행복한 사람 ······························ 242

Part 11. ··· 255
메인 프레임에 대해서
[모세 시리즈11] 부족함과 모자람 ······················ 262

Bonus Tip ·· 279
서브 프레임
[서브 프레임 설교] 문제가 축복을 만든다 ········ 292

설교의 구상과 구성
(질문을 통한 설교 시작)

PART 1

Part 1.
설교의 구상과 구성
(질문을 통한 설교 시작)

설교에는 구상과 구성이 있다. 구체화 되지 않은 것이나 잡히지 않는 것을 상상할 때 구상이라 하고 상상한 것을 갖고 어떤 뼈대 속에 집어넣는 것을 구성이라고 한다. 프레임에 집어넣기 위해서는 먼저 구상과 구성이 필요하다.

구상을 위해 오늘 나는 어떤 설교를 할 것인지 먼저 심각하게 고민을 해봐야 한다. 지금 청중들은 어떤 고민 속에 있는지 아니면 목회적으로 어떤 방향을 제시해야 할 것인지. 이번 주 설교를 통해 내가 말씀하고자 하는 구체적인 이유를 먼저 생각해보는 것이 바로 구상이라고 할 수 있다. 그리고 구상이 끝났다면 구성의 단계로 들어가야 한다.

그렇다면 설교의 구상과 구성을 알아보자.
먼저 본문(Text)을 볼 때 성경을 깊게 (In site) 보려면 어떻게 해야 할까?
그것은 간단하다. 먼저 본문을 읽고 질문으로 시작해야 한다.

이번 설교는 모세시리즈 1편으로 출애굽기 1장 15절–21절 말씀으로 설교를 구성하는 방법이다.

> 15. 애굽 왕이 히브리 산파 십브라라 하는 사람과 부아라 하는 사람에게 말하여
> 16. 이르되 너희는 히브리 여인을 위하여 해산을 도울 때에 그 자리를 살펴서 아들이거든 그를 죽이고 딸이거든 살려두라
> 17. 그러나 산파들이 하나님을 두려워하여 애굽 왕의 명령을 어기고 남자 아기들을 살린지라
> 18. 애굽 왕이 산파를 불러 그들에게 이르되 너희가 어찌하여 이같이 남자 아기들을 살렸느냐
> 19. 산파가 바로에게 대답하되 히브리 여인은 애굽 여인과 같지 아니하고 건장하여 산파가 그들에게 이르기 전에 해산하였더이다 하매
> 20. 하나님이 그 산파들에게 은혜를 베푸시니 그 백성은 번성하고 매우 강해지니라
> 21. 그 산파들은 하나님을 경외하였으므로 하나님이 그들의 집안을 흥왕하게 하신지라

이 본문에 대해서 어떤 질문들을 던질 수 있을까?

- 히브리 산파 십브라와 부아는 당대의 권력자인 바로 왕의 명령을 왜 거역했을까?
- 왕의 명령에 대해 아무도 거부할 자가 없는데 이 여인들은 당당하게 거부했다는 것이다.
- 왕의 말을 거역한다는 것은 왕을 무시하는 것인데 왕을 무시하고 목숨이 살아있다는 것이 이상하지 않은가?
- 그렇다고 한다면 이 여인들은 지금 이집트 왕이 누구인지 잘 모르는 것인가?
- 만약 안다면 미친 사람이든지 제 정신이 아닌 사람들이다.
- 그럼 이 여인들은 배짱이 좋은 여인인가? 아니면 간 큰 여인들?
- 참으로 신비한 일이라고 할까? 아니면 이상한 일이라고 할까?
- 여인들이 왕의 명령을 거역하고도 살았다.
- 그때 당시 왕의 명령은 개인적 명령이 아니라 국가적 위기 속에서 내려진 명령인데 이것을 어겼다면 대역 죄인으로 능지처참 되어야 한다.
- 분명 죽음으로 대가를 치러야 하는데 죽지 않고 살았다는 것이 참으로 신기한 일이다.
- 이것이 가능할까? 성경이라 가능한가?
- 이것이 세상 법으로는 이해가 되는 일인가? 받아들일 수 있는 논리인가?
- 이것이 말이 되는가? 우리가 분명히 알고 있는 사실은 이 여인들은 살았다는 것이다.

- 말이 안 되는 일을 성경에서 소개하고 있다.
- 어떻게 살았는지 여러분은 궁금하지 않은가? 참 신비한 일이지 않은가?
- 이 성경을 보면서 참으로 궁금했다. 도대체 무엇 때문에 이 여인들은 바로 왕의 명령을 거역하였으며, 또 어떤 명령이었기에 여인들이 거역했는가?
- 바로 왕은 명령을 해놓고 그 명령을 어긴 여인들을 어떤 이유에서 살려주었는가?

상기의 내용과 같이 무수한 질문을 해봄으로 인하여 구상이 되었다.

설교를 작성하기 전에 본문에 대한 궁금증을 던져볼 때 여기에 나오는 모든 질문과 답이 내가 설교하고자 하는 내용을 구성할 수 있는 재료Materials가 된다.

설교를 구성할 재료를 마련했다면 이제는 그 재료로 음식을 만들기 전에 맛을 볼 청중들을 파악하는 것이 필요하다.

청중들은 교회 나와 앉아있지만 목회자가 무슨 설교를 할 지 별로 궁금해 하지 않는다. 만약에 궁금해 한다면 소수에 해당한다. 대다수의 청중은 설교에 대한 관심이 없다.

오히려 설교에 관심을 갖고 있는 사람들 중에는 '오늘 목사님이 다른 목사님의 설교를 표절하지는 않았을까?' 확인하기 위한 경우가 많다. 아니면 '이 본문 뻔한 거 아냐?', '다른 목사님의 설교와 어떤 차이점이 있을까?' 하고 관심을 갖는 경우이다.

그 외에 '내가 오늘 말씀을 듣고 꼭 은혜를 받아야겠다' 마음먹고 앉아 있는 청중은 그리 많지 않다.

따라서 설교자는 청중들에게 내가 오늘 어떤 설교를 할지 소개Introduction를 해야 한다.

"히브리 산파들이 어떻게 왕의 명령을 거부하고 살아났는지 궁금하지 않습니까?"

이렇게 질문Question을 던진다면 청중들의 반응은 달라진다. 관심 없었던 설교에 관심을 갖게 되고, 궁금하지 않았던 설교가 시작부터 궁금해진다.

SBS의 시사고발프로그램 '그것이 알고 싶다'에서 김상중 씨는 시청자들에게 자신들이 다룬 소재에 대해 관심을 갖게 하기 위해 항상 쓰는 멘트가 있다.

"그런데 말입니다", "어떻게 된 것일까요?", "그것을 알아보겠습니다"

이런 말들로 관심 없었던 시청자들에게 관심과 궁금증을 유발시키면서 시청률을 10% 이상으로 끌어 올려놓았다.

질문으로 시작하는 설교의 방법이 가장 좋은 방법Tool이다.

설교학에서는 설교 시작 5분 안에 청중들을 낚시 바늘 fish hook 채듯이 해야 모든 시선과 관심을 끌고 간다고 소개한다. 맞다. 같은 설교라 할지라도 궁금증을 유발하고 시작하는 설교와 바로 본문내용으로 설교하는 것은 정말 많은 차이가 있다.

> **TIP**
> 설교 전 본문에 대한 궁금증을 만들어 낸 것이 구상이라면 궁금증으로 만들어 낸 것을 프레임에 집어넣은 것을 구성이라고 말할 수 있다. 구상과 구성을 통해 설교하고자 하는 내용을 풍성하게 만들 수 있다.

출애굽기 1장 15절~21절

15. 애굽 왕이 히브리 산파 십브라라 하는 사람과 부아라 하는 사람에게 말하여

16. 이르되 너희는 히브리 여인을 위하여 해산을 도울 때에 그 자리를 살펴서 아들이거든 그를 죽이고 딸이거든 살려두라

17. 그러나 산파들이 하나님을 두려워하여 애굽 왕의 명령을 어기고 남자 아기들을 살린지라

18. 애굽 왕이 산파를 불러 그들에게 이르되 너희가 어찌하여 이같이 남자 아기들을 살렸느냐

19. 산파가 바로에게 대답하되 히브리 여인은 애굽 여인과 같지 아니하고 건장하여 산파가 그들에게 이르기 전에 해산하였더이다 하매

20. 하나님이 그 산파들에게 은혜를 베푸시니 그 백성은 번성하고 매우 강해지니라

21. 그 산파들은 하나님을 경외하였으므로 하나님이 그들의 집안을 흥왕하게 하신지라

22. 그러므로 바로가 그의 모든 백성에게 명령하여 이르되 아들이 태어나거든 너희는 그를 나일 강에 던지고 딸이거든 살려두라 하였더라

절망 속에 핀 꽃

모세 시리즈
1
PW: 은혜
MIW: 자랑

사자성어 중에 동문서답이라는 말이 있습니다. 동쪽에서 질문했는데 서쪽에서 답한 것입니다. 한 때는 시대적 풍자로 인해 '사오정 시리즈'가 유행했던 적이 있습니다. 그래서 사오정 시리즈를 소개하고자 합니다.

(유머_사오정 시리즈)
사오정과 손오공이 회사에 면접시험을 보러 가게 되었습니다. 근데 다행히 손오공이 먼저 면접시험을 치르게 되었습니다. 손오공이 들어갔습니다. 면접관이 물었습니다.

손오공-면접관
면접관: 이름이 뭡니까?
손오공: 손오공입니다.

면접관: 아 그래요? 그러면 혹시 좋아하는 축구선수가 있나요?

손오공: 예. 호날두를 좋아합니다.

면접관: (깜짝 놀라며) 아 그래요? 그러면 종교개혁은 언제 일어났는지 아십니까?

손오공: 16세기에 일어났습니다.

면접관: 그래요. 마지막 질문하겠습니다. UFO는 있다고 생각합니까? 없다고 생각합니까?

손오공: 과학적인 근거는 없지만 존재한다고 생각합니다.

손오공이 나와서 사오정에게 어떻게 면접을 했는지 이야기를 자세하게 해 주었습니다. 이 사오정은 그 이야기를 듣고 자신 있게 면접관 앞에 섰습니다.

사오정-면접관

면접관: (갑자기 들어온 사오정을 보고 놀라며) 어떻게 왔나요? 누구죠?

사오정: 저는 호날두입니다.

면접관: 아니, 호날두? 어떻게 된 일인 가요? 이게 무슨 일이예요?

사오정: 16세기부터입니다.

면접관: 이 사람 미쳤나? 왜 그러지? 뭐 잘못된 거 아니에요?

사오정: 과학적인 근거는 없지만 존재한다고 생각합니다.

세상은 우리가 진리를 물어볼 때 이렇게 동문서답을 합니다. 명확하게 소개하지 않습니다. 그러나 주님은 우리가 진리를 물어보면 동문서답을 하시는 것이 아니라 우리에게 분명한 길을 제시해 줍니다.

예수님은 생명이요, 그 분이 우리의 인생길이라고 분명히 우리에게 진리를 소개하고 있습니다. 예수가 아니면 아버지께로 올 자가 아무도 없다고 말씀하십니다. 오직 나를 통해서 너희들이 아버지께로 갈 수 있다는 이 진리를 명확하게 소개해주고 있습니다. 이런 진리가 우리를 자유롭게 하신다는 이 말씀을 기억하고 살아가는 복된 한 주간되기를 예수의 이름으로 축원합니다.

> **TIP**
> 설교 시작을 왜 유머로 하는지는 Part5(모세시리즈 5편)에서 구체적으로 소개할 것이다. 설교를 시작하면서 유머로만 끝난다면 보수신앙인들의 심기가 불편해질 수 있다. 그러나 유머를 통해서 영적인 교훈을 주면 유머가 은혜의 도구가 될 수 있다. 그러므로 유머 후에는 반드시 영적인 교훈을 해야 한다.

성경은 아주 간 큰 여인을 소개하고 있습니다.

> **TIP**
> "성경은…" 또는 "오늘 말씀하고자 하는 내용은…" 등등.
> 설교가 시작된다는 것을 알려주는 것이 좋다.

얼마나 간이 큰 지 이루 말할 수 없습니다. 이집트 왕이 명령을 했는데도 듣지 않습니다. 지금 왕이 개인적인 명령을 내린 것입니까? 아닙니다. 국가적인 명령입니다.

당시 상황에서는 왕의 명령이 개인적이든 국가적인 것이든 지키지 않으면 당연히 죽을 수밖에 없습니다. 그리고 왕의 명령을 아무도 거부할 자가 없습니다. 만약 거부한다면 반역죄로 죽게 되어 있습니다.

그렇다면 지금 이 여인들이 '이집트 왕이 누구인 줄 몰라서 그런가?' 생각하겠지만 그건 아닙니다. 이집트 왕이 어떤 왕인지, 너무나 잘 알고 있습니다.

당시 왕은 날아가는 새도 떨어트릴 수 있는 권세를 지닌 사람이었습니다. 더군다나 이집트는 당시 모든 세계를 거의 지배하다시피 한 강대국이었습니다. 그러한 강대국의 왕이 명령을 했는데도 불구하고 이 여인들은 듣지 않고 거부합니다.

시대적 배경으로 봐서는 왕의 명령을 거부했다면 그 당시에는 목숨이 달아나는 것이 당연하지만 이 여인들은 털 끝 하나 다치지 않고 그대로 풀려나옵니다.

그러면 이 여인들은 어떤 여인들인가요?
도대체 이집트 왕은 어떤 명령을 그들에게 했던 것일까요?

> **TIP**
> 질문을 던짐으로써 청중들이 설교에 관심을 갖도록 한다.

BC1500년 전 이집트에서는 심각한 일이 일어났습니다. 이스라엘 백성의 수가 기하급수적으로 늘어나기 시작한 것입니다. 이집트 왕이 위협을 느낄 정도였습니다. 인구가 폭발적으로 늘어나자 이집트 왕은 두려움을 느꼈습니다. 그래서 각료회의를 열었습니다. 각료회의는 오늘날 국가비상대책위원회와 같은 것입니다.

이스라엘 인구가 기하급수적으로 늘어나는 것을 우리가 방치하다가는 큰일 당한다는 것입니다. 인구가 급속하게 늘어나고 있는 이스라엘과 외부의 어떤 나라가 서로 힘을 합쳐 우리를 공격해 온다면 꼼짝없이 나라를 빼앗길 수 있기 때문입니다.

그래서 이 사태에 대한 대책회의가 열린 것입니다. 그리고 대책회의에서 내린 결론은 히브리 백성들을 어떻게 해서든 힘들게 하자는 것이었습니다. 고단하게 하고 어려운 일을 주자는 것입니다. 오늘말로 하면 노가다를 시키는 것입니다. 당시에는 피라미드를 건설했습니다. 이스라엘 백성들을 노예로 끌고 와서 아주 힘든 일을 시켜 남자들이 집에 들어가면 너무 지쳐서 아무도 아이를 낳지 못하게 만들자는 정책이었습니다.

그러나 본문 15절 앞 절을 보면 그 정책이 실패한 것을 알 수 있습니다.

그렇다면 그 다음 두 번째 대책은 무엇이었을까요? 히브리 남자아기가 태어날 때 죽이는 것이었습니다.

그럼 어떻게 죽일까요? 산파를 통해 남자아기를 죽이자는 것이었습니다. 그래서 산파 둘을 불렀습니다. 성경에서 소개하는 산파가 바로 '십브라와 부아'라는 여인입니다.

어떤 사람은 질문하기를 '그럼 산파가 두 명 밖에 없나요?'라고 할 수 있습니다. 하지만 이스라엘 백성 중에 어떻게 산파가 두 명만 있겠습니까. 지금으로 말하면 산부인과협회 회장을 부른 것과 같습니다.

이 두 명의 산파 대표를 불러다 놓고 왕이 명령하기 시작합니다. 개인적인 명령이 아니라 국가의 운명이 달린 명령이었습니다.

"너희들은 가서 모든 산파들에게 전해라. 히브리 남자아기가 태어나면 모두 죽여 버리고 여자아이는 살려두어라"

이것이 왕의 명령이요. 국가적 명령이었습니다. 시대적 상황을 보면 왕의 지시를 지키지 않을 경우에 목숨을 앗아갈 수 있을 정도로 막강했습니다.

그런데 산파들은 히브리 남자아기들이 태어나는 것을 뻔히 보면서도 이집트 왕의 명령을 거부합니다. 마치 왕의 명령을 비웃듯이 지키지 않았습니다. 결국 이집트 왕의 귀에 들리게 되었고 바로왕은 화가 머리끝까지 치밀어 올랐습니다. 분노하기 시작했습니다. "아니 이럴 수가 있는가?" 국가 최고의 통치자의 명령을 거부했다는 것은 이집트 바로왕의 권세에 정면으로 도전한 것입니다.

바로왕의 권세는 오늘날의 왕과는 사뭇 다릅니다. 그때 당시 권세는 하늘을 나는 새도 떨어트릴 수 있습니다. 절대군주의 말을 듣지 않았으니 이것은 단순한 화가 아닙니다. 분노가 최고치에 달하게 되었을 것이고, 왕은 극도로 흥분된 상태에서 군사들에게 즉시 소환명령이 하달되었습니다. 지금 상대는 누구인가 생각해보길 바랍니다. 히브리 산파들은 신분이 노예입니다. 왕은 분노의 치를 떨만 합니다.

왕이 그들을 잡아오라고 명령했을 때 산파들은 어떤 각오를 했을까요?

이들은 이미 죽음을 각오했을 것입니다. 만약에 살려고 했다면 이집트 왕의 명령을 들었을 것입니다. 그러나 산파들 역시 죽음을 각오했다고 할지라도 두려운 마음과 떨리는 두 다리는 어쩔 수가 없었습니다. 이들은 이집트 군사들에게 개처럼 끌려 가면서 참 많은 생각을 했습니다.

'오늘이 마지막이구나!' 끌려가는 지금 이 길을 이제 다시 돌아올 수 없는 길이라고 생각하니 하염없이 눈물이 흐릅니다. "오늘 저녁에는 이 길로 돌아올 수가 있을까?" 그리고 생각난 것이 "내가 죽는 것은 당연하지만 혹시 가족 전체가 몰살당하지는 않을까?' 하는 염려를 안 할 수 없었습니다.

'남의 아이를 살리려다가 내 아이들이 죽게 되었는데 이 상황들을 과연 자식들과 남편이 나를 이해할 수 있을까?' '내가 없더라도 잘 살 수 있을까?' 수많은 생각들이 지나갔습니다. 이들은 오늘 저녁 가족들을 만날 수 없다는 사실도 잘 알고 있습니다. 그래서 마음이 더욱더 찢어지듯이 아픕니다.

많은 사람들이 끌려가는 두 산파를 보면서 한마디씩 합니다.

"하나님이 너무한 것 아니야!", "산파가 무슨 죄가 있어" 또 어떤 이들은 손가락질을 합니다. "하나님을 믿어도 적당히 믿어야지", "뭐가 잘났다고 아이들을 살려주더니…" 사실 산파들의 행동이 잘못된 것은 아닙니다.

하지만 오늘 히브리 산파들은 하나님이 야속하기만 합니다. 눈물도 함께 흐릅니다. 사람이 한 번 죽는 것 당연하다는 것도 알고 있습니다. 그런데 자꾸 하나님이 나에게 너무한다는 생각만 듭니다. 하나님은 살아계시고 내 삶 속에서 역사하시는 분이라는 것을 알고 있는데 오늘은 그 하나님이 마음에 와 닿지 않습니다. '내가 하나님의 일을 하면 하나님께서 내 일을 도와주실 줄 알았는데' 하나님이 도와주시지 않는다고 생각하니 눈물이 자꾸만 흐르게 됩니다.

사람은 누구나 미래를 알 수 없습니다. 한치 앞도 못 보는 것이 우리의 인생이기 때문입니다.

결국 바로 왕에게 히브리 산파들은 끌려갔습니다. 왕은 이미 분노가 가득한 상태에서 소리칩니다.

"너희들이 어찌해서 히브리 남자아이들을 살려주었냐."

그런데 히브리 여인들의 답변은 참으로 놀랍습니다.

"우리가 아이들을 받으러 갔을 때 히브리 여인들은 이집트 여인들과 달리 건강해서 이미 아이를 낳아 엄마 품에 안고 있는데 우리가 어떻게 아이를 죽입니까?"라고 말합니다. 동문서답과 다름없이 정말 엉뚱한 이야기를 합니다.

바로가 다시 질문합니다. 죽인 아이가 한 명이라도 있냐고 물어봅니다. 그런데 산파들은 한 명도 없다고 대답합니다.

왕의 반응은 어떻게 되어야 정상입니까? 당연히 능지처참해서 죽여야 합니다. 지금 산파들은 국가적 운명이 달린 공적인 명령을 거부한 것입니다. 이 말을 들은 왕은 화가 더 나야 합니다. 지금 왕의 말을 얼마나 무시한 말입니까? 왕의 명령을 거부한 죄로 죽여야 마땅하고 국가 명령을 불복종한 대역죄를 물어서 다시는 이런 일이 생기지 않도록 해야 합니다. 그런데 보십시오! 왕의 모습을 보면 어떠합니까?

우리가 왕의 입장에서 생각해 봅시다. 정말 말이 안 되는 이야기이지만 바로는 그 말을 듣고 순순히 풀어줍니다. 어떻게 된 일인가요? 동문서답하고 있는 이 여인들은 왕의 명령을 거부했음에도 불구하고 살아납니다. 앞 뒤 안 맞는 이 여인들의 말을 듣고도 이집트 왕은 풀어줍니다. 이집트 왕이 바보입니까? 아니면 왕이 미쳤습니까? 아닙니다.

이것이 바로 하나님이 하신 일입니다. 이것을 신앙적 단어로 하나님의 역사적 개입이라고 합니다. 하나님이 그들의 삶 속에 개입하시고 전격적으로 도와주셨기에 가능한 일입니다. 만약 하나님이 하시지 않았다면 이들은 그냥 그 자리에서 죽었을 것입니다.

지금 그 자리가 어떤 자리입니까? 아무나 설 수 있는 자리도 아닙니다. 끌려가면 죽음을 보지 않으면 나오지 못하는 자리입니다. 세상이 어떤 결정을 내려도 하나님이 허락하지 않으셨다면 이 일은 절대로 있을 수 없는 일입니다. 세상의 모든 일은 하나님의 허락 하에 가능합니다. 하나님은 이집트 왕의 마음을 사로잡았습니다. 거부할 수 없게 만드셨습니다. 산파들의 말을 그대로 받아드리도록 했습니다. 분노로 가득찬 강퍅한 바로의 마음을 봄눈 녹듯이 만드셨습니다. 이 모든 일을 하나님이 하셨습니다. 하나님은 살아계십니다. 오늘도 내일도 살아계셔서 동일하게 역사하시는 분이십니다.

산파들이 아이들을 받으러 갔는데 히브리 남자아이가 태어났을 때 얼마나 많은 고민을 했겠습니까.

'이 아이가 죽어야 내가 산다'라는 생각도 했을 것입니다. 하지만 이러한 상황에서 아이를 살려줍니다. 이것은 히브리 여인들의 신앙심이 좋아서 살려준 것일까요? 아닙니다. 하나님께서 이 여인들에게 감동을 주었기에, 은혜를 주셨기에 죽일 수 없었습니다.

아기를 죽여야만 내가 사는데 죽일 수 없는 그 한 가지 이유는 하나님을 두려워해서입니다. '내가 이 아이를 죽이면 하나님 앞에서 내가 죽지'라는 두려움 때문에 히브리 여인들이 아이를 죽이지 못한 것입니다. 그들이 선해서, 거룩해서 아이를 죽이지 않은 것이 아니라는 것을 성경은 말하고 있습니다.

하나님께서 여인들에게 은혜를 주셨기에 죽일 수 없었던 것입니다. 결국 이 모든 일은 하나님이 하신 것입니다. 만약 하나님께서 하시지 않았다면 그들은 이집트 왕 앞에 가서 살려달라고, 우리가 잘못했다고 사정사정했을 것입니다.

그러나 산파들이 '이제부터는 남자아이가 태어날 때 다 죽이겠다고 한번만 기회를 달라'고 빌지 않고 당당하게 말한 것은 하나님의 은혜가 개입되었기에 가능했던 것입니다.

그리고 하나님이 여인들에게 이집트 왕 앞에 갔을 때 담대함을 주셨기에 자신들의 이야기를 외칠 수 있었던 것입니다. 이것이 바로 하나님의 은혜입니다.

하나님이 오늘 우리를 책임지셨다면 내일도 우리를 책임져 주십니다. 오늘의 어두움을 내일의 밝음으로 바꿔주시는 분입니다. 우리 인생에 검은 구름이 덮였더라도 빛으로 오셔서 어둠을 밝혀주시고 해결해 주시는 분은 내가 아닌 하나님인 줄 우린 믿어야 합니다.

세상의 사람들은 자기가 갖고 있는 권력을 마음대로 휘두르면 다 될 것 같지만 절대로 그렇게 되지 않습니다. 자기 뜻대로 행하지 못하게 하시는 분이 하나님이십니다. 하나님의 은혜는 악하고 강한 것이라도 다 녹게 합니다. 하나님의 은혜가 임하면 죽었던 생명이 다시 살아납니다.

그렇다면 은혜는 무엇일까요? 바로 생명을 살리는 일입니다. 그 은혜로 이스라엘 히브리 남자아이들에게만, 산파들에게만 국한된 것이 아니라 오늘날 모든 인류를 죽음에서 살아나게 하신 것입니다. 그 은혜가 바로 십자가의 죽으심과 부활입니다.

그래서 우리가 십자가의 은혜를 입고, 진정한 생명을 얻은 것입니다. 우리는 그 은혜를 덧입은 사람들 아닙니까. 이것이 하나님의 은혜입니다.

하나님의 은혜는 어떻게 임합니까?

은혜는 저절로 임하는 것이 아닙니다. 은혜는 하나님이 선물로 주셔야 합니다.

우리가 세상에 나가 살면서 힘든 것이 있다면 그것은 어떤 결정을 내려야 할 때입니다. 결정하는 것이 왜 힘든 것이냐면 이것은 분명 하나님의 뜻이고, 하나님이 이 길로 가길 원하지만 세상은 우리에게 하나님의 뜻과 반대되는 것을 요구하기 때문입니다. 분명 이 길인줄 알면서도 그 길로 가지 못합니다. 그리고 우리는 생각하길 '하나님도 나를 이해하실 거야?' 하면서 하나님이 원하시는 길과 반대로 가고 있습니다.

우리가 행하는 많은 일들 중에는 잘못된 것을 알면서도 그냥 지나갈 때가 많습니다. 그래서 하나님의 은혜가 필요합니다. 하나님의 은혜가 임하면 분명하게 결정할 수가 있습니다.

그중에 한 가지 예를 들자면 '주일성수' 문제가 있습니다.

'오늘 나는 주일을 지킬 수 없어. 왜? 환경이 그렇게 되어있으니까.'

그래서 고민을 합니다. '주일을 지켜야 하나? 지키지 말아야 하나' 생각하다가 '모르겠다 하나님이 날 이해하시겠지'라고 말하고 세상적인 결정으로 나갈 때가 얼마나 많이 있습니까.

> **TIP** 직접적용 부분 Part7(모세시리즈 7편) 참조

그럼 우리가 산파의 입장이 되어봅시다. 히브리 남자아이가 태어났습니다. 우리는 이 아이를 보고 '죽여야 될까? 살려야 될까?' 자 어떻게 하실 것입니까? 어떤 사람은 죽여야 하는 거 아닌가요? 하나님도 이해하실 거 아닙니까. 세상 왕이 그렇게 명령을 요구했는데 명령을 거부하면 내가 죽는데 어떻게 살려둘 수 있겠습니까. 이런 논리로 말하면 당연히 죽여야 할 것입니다.

'하나님도 이해하시겠지'라는 합리화 때문에 우리는 갈등하고 세상의 요구를 따라가게 되는 것입니다. 그러나 분명히 알아야 하는 것은 하나님께서 원하지 않는 일이라는 것과 하나님께서 기뻐하시지 않는 일이라는 것입니다.

우리는 자기 자신이 세상을 향해 가는 것을 뻔히 알면서도 끌려갈 때가 참 많습니다. 가지 말아야 하는데 그 길로 가고 있습니다. 왜냐하면 세상 왕이 나에게 요구할 때는 목숨이 달려있습니다. 하나님의 요구에는 목숨까지 달려있지는 않습니다. 그러니 세상 왕의 말을 듣게 되어있습니다. 그렇게 하면

안 되는 것을 뻔히 알면서도 말입니다.

'내가 오늘은 세상을 향해 가지 않으면 나는 죽게 되어 있어. 하나님이 한 번은 나를 용서해주시겠지.'

이런 안일한 생각이 바로 신앙의 오류입니다. 우리는 늘 이러한 오류를 범하고 살 때가 많습니다. 그러나 이것이 습관적으로 일어나면 은혜를 받을 수 없습니다. 하나님은 나를 이해하시고 용서해주시는 것은 맞습니다. 그러나 여기에서 은혜의 흐름은 없다는 걸 알아야 합니다.

그러면 <u>은혜는 어떻게 흐르는 것일까요?</u> 은혜를 우리가 어떻게 받을 수 있을까요? 은혜는 주님을 신뢰할 때 쏟아집니다. 내가 주님을 신뢰하고 믿을 때, 내가 그 분의 역사하심을 믿고 그 길로 갈 때 은혜가 풍성하게 임하는 것입니다.

최대정이라는 아이의 어머니를 소개하고자 합니다. 이 아이가 수업 도중에 갑자기 응급실로 실려 갑니다. 부모가 놀래서 병원으로 허겁지겁 뛰어갔습니다. 그런데 병명을 알 수 없다는 진단을 받았습니다. 병명을 알 수 없다 하니 일단 아이를 집으로 데리고 왔는데 아이가 그 뒤로 살이 계속해서 빠졌습니다. 그래서 다시 H병원에 가서 확인해보니 신경섬유종증이라는 병일 가능성이 있다는 말을 듣게 됩니다. 하지만 정확하지는 않으니 추후 더 지켜보고 판정을 내리겠다고 했습니다.

아이 엄마는 이 일을 어떻게 해야 하나 고민하다 아는 권사님이 생각났습니다. 그래서 권사님께 아이를 교회에 데려가 달라고 부탁했습니다. 그렇게 아이와 엄마가 함께 교회에 나가게 됐습니다.

교회에 다니는 첫 날부터 마음이 이루 말할 수 없이 평안했다고 합니다. 아이도 점점 차도가 좋아졌습니다. '진짜 하나님 감사합니다'라는 생각을 하고 있었습니다. 근데 갑자기 아이가 아파서 또 병원에 실려 갔습니다. 상태가 또 안 좋다는 것입니다.

허탈한 마음으로 집에 돌아오는데 집 앞 슈퍼에 있는 어떤 아주머니가 이야기를 합니다. "점쟁이가 하나 있는데, 진짜 용한 점쟁이야. 한 번 가봐"라고 하니까 애 엄마가 지푸라기라도 잡는 심정으로 점쟁이를 찾아갔습니다. 점쟁이는 "교회에 나가서 신이 노했다며 빨리 굿을 하면 아들이 살 수 있다"고 말했습니다.

여러분은 이럴 때 어떤 길을 결정하겠습니까?
어느 길이 옳은 길인지 우리는 분명히 알고 있습니다. 어느 길이 하나님이 원하시는 길인지 어떤 것을 하나님이 싫어하시는지 압니다.

우리는 당연히 그 말을 뿌리칠 수 있어야 합니다. 우리에게는 신앙이 있기 때문입니다. 그러나 예수를 얼마 믿지 않은 사람들은 어느 쪽으로 결정할까요? 후자를 결정할 가능성이 높습니다. 그 선택이 옳은 길이 아님에도 불구하고 많은 사람들이 잘못된 선택을 하곤 합니다.

선택의 기로에서 하나님을 신뢰하는 쪽을 선택해야 합니다. 하나님을 신뢰하는 쪽으로 가길 바랍니다. 하나님을 믿고 의지하고 갈 때 은혜가 흐르게 되어있습니다. 하나님의 은혜는 하나님을 신뢰할 때 임하게 되어 있습니다.

우리는 지금까지 배워왔던 하나님의 은혜를 알기 때문에 길을 선택하기가 쉽습니다.

히브리 산파들을 보면 하나님을 믿었던 사람들인데도 불구하고 굉장히 갈등했습니다. 그러나 그들이 하나님을 신뢰하는 쪽으로 결정하고 나아갔을 때 그 길이 은혜의 길이 되는 것입니다. 은혜의 길로 들어서는 여러분 되길 바랍니다.

만약 히브리 산파들이 이집트 왕의 명령을 듣고 히브리 남자아이들을 죽였다면 민족에게 평생의 원수가 될 수 있었습니다. 물론 이 산파들은 '너희들이 내 입장이 되어봐라 어쩔 수 없을 걸' 말할 수 있습니다. 맞는 말입니다. 그러나 신앙은 맞는 말인데도 불구하고 옳은 길을 갈 때, 하나님을 믿고 신뢰하면 은혜가 덧입혀지지만 하나님을 무시하는 길로 간다면 그곳에는 은혜가 임하지 않음을 기억해야 합니다.

내가 어떠한 일을 할 때 하나님이 기뻐하시는지, 슬퍼하시는지, 진노하시는지 생각하고 결정하길 바랍니다.

은혜는 그 분을 신뢰하고 믿고 나아갈 때 하나님이 나를 업고 가는 것입니다. 내 인생을 안고 가시는 것입니다. 여러분의 인생을 누가 안고 가면 좋겠습니까? 내가 하나님을 믿고 가는 만큼 그분이 나를 안고 가신다는 것을 잊지 않길 바랍니다. 내가 혼자인 것 같지만 절대로 하나님은 혼자 내버려 두지 않으십니다. 예수님은 우리의 친구이십니다. 어떤 어려움 속에서도 하나님이 함께 해주신다는 것을 믿길 바랍니다.

하나님은 십브라와 부아가 개처럼 끌려갈 때도 함께 해주셨고, 바로 왕 앞에서 두려워 떨 때 그 여인들과 함께 해주셨습니다. 그 여인들에게 담대하게 하는 것도 하나님이 하신 것입니다. 바로 왕도 산파들이 말했을 때 여인의 음성으로 듣지 않고 하나님의 음성으로 들었습니다. 그 음성이 이집트 왕을 짓누른 것입니다.

이 은혜는 하나님이 함께 해주셨기 때문에 가능한 사건입니다. 하나님을 의지하고 신뢰하고 나아갈 때 여러분의 삶에 은혜가 있을 줄로 믿습니다.

<u>절망 속에서 피는 꽃이 아름답습니다.</u> 왜냐하면 고난과 시련 속에서 피어났기 때문입니다. 만약 고통과 절망이 없었다면 그 꽃은 절대로 아름답게 피지 못했을 것입니다. '이런 환경 속에서 어떻게 꽃이 필 수 있을까?' 아무도 믿지 않을 때 그곳에서 한 송이 꽃이 피어 올라왔습니다. 무엇보고 꽃이 피었을까? 그것은 하나님이 해결해주실 것이라는 소망하나 보고 피었습니다. 소망을 갖고 살아가는 꽃은 사막이 되었든, 강추위가 되었든, 홍수가 나고 세찬 바람이 불어와도 그 꽃은 반드시 피어납니다. 절망 속에서 피는 꽃은 소망이고, 소망 속에 피는 꽃은 기적을 나타냅니다.

사랑하는 성도 여러분 하나님 은혜의 흐름을 느끼길 바랍니다. 소망을 보길 바랍니다. 하나님께서 내 삶 속에서 해결해주시고 역사해주실 것이라는 소망 속에 사는 꽃이 되길 바랍니다.

〈영상-야식 배달했던 청년이 우연히 스타킹에 출연하는 영상〉

TIP 미디어 시대를 살아가고 있기 때문에 사람들은 예화를 듣는 것보다 보는 것에 익숙해 있다. 시각적으로 전달된 것은 사람들이 오래 기억하기 때문에 설교의 핵심을 전달하고자 마지막 부분에서 영상을 보여준다.

하나님은 히브리 산파들에게 은혜를 베푸셨습니다. 그 은혜가 임하니까 이스라엘 백성 전체가 부흥하고 강해졌다고 성경은 이야기하고 있습니다. 이 여인들의 위대한 결단을 통해서 이스라엘 민족이 다시 강건해지고 번성해졌습니다. 그리고 이야기합니다. 그들의 집안을 흥왕케 하셨다고 소개하고 있습니다. 이 흥왕이라는 말은 모든지 다 하나님 은혜로 잘 되는 것입니다. 내 인생을 한 번 하나님 쪽으로 결정하면 내 집안이 영원히 잘될 수 있다는 것을 믿길 바랍니다. 히브리 산파들은 어려움과 고난 속에서 하나님이 원하시는 삶을 선택하고 나아감으로 본인 자신뿐 아니라 남편도, 시집식구들도, 친정식구들도, 모두가 흥왕하게 되었습니다. 흥왕이라는 단어는 '만들다. 행하다'라는 뜻이며 왕성케 되었다는 말은 '뭐든지 하면 잘 된다'는 말입니다.

결론 맺겠습니다.

십브라와 부아는 산파가 된 것을 잠시 후회할 때가 있었습니다. '하나님은 이렇게 어려운 일을 왜 내게 맡기셨나' 하고 의문을 가질 때도 있었습니다. 이집트 왕은 히브리 남자아이를 죽이라고 하지만 하나님을 생각하면 절대로 그럴 수가 없는 이런 상태에서 내가 어떤 것으로 결정하고 나가야 하는지 참으로 심각한 고민에 빠지기도 했습니다. 바로 왕의 명령을 거부하면 죽는 것도 알았지만 그들은 하나님 쪽으로 결정하고 나갔습니다.

'믿음으로 사는 자는 하늘 위로 받겠네.
무슨 일을 만나든지 만사형통하리라.
무슨 일을 만나든지 만사형통하리라!'

이 찬송의 고백처럼 우리는 언제나 하나님이 원하시는 쪽으로 하나님이 기뻐하시는 쪽으로 결정하고 나간다면 하나님께서 우리 집안 모두에게 흥왕케 하는 축복을 주신다는 것을 믿고 나아가는 여러분 되길 축복합니다.

설교의 관점
(추론을 찾아내는 방법)

PART 2

Part 2.

설교의 관점
(추론을 찾아내는 방법)

　모세시리즈 1편은 성경을 볼 때 질문을 통한(In site) 것이라면 모세시리즈 2편은 질문을 통해 더 깊은 관점을 찾아내는 방법을 소개하고자 한다. 여기서 말하는 관점은 성경에서 문제점 **Problem**을 찾아내는 것이다. 성경은 문제점을 분명하게 소개하고 있다.

　예를 들어 누가 병에 걸렸다면 무슨 질병인지, 나병인지 아니면 귀신에 들린 것인지 구체적으로 소개하고 있다.
　그리고 성경에는 문제에 대한 해결이 반드시 나오고 있다. 성경의 해결은 인간의 의지적인 모습과 하나님이 해결해 주심을 소개하고 있으며 분명하게 하나님의 개입이 드러나고 있다. 하나님의 해결이 강하게 나타나려면 먼저 문제가 심각하게 드러나야 한다.

먼저 본문 출애굽기 1장 22절~2장 10절을 살펴보자.

22. 그러므로 바로가 그의 모든 백성에게 명령하여 이르되 아들이 태어나거든 너희는 그를 나일강에 던지고 딸이거든 살려두라 하였더라
1. 레위 가족 중 한 사람이 가서 레위 여자에게 장가 들어
2. 그 여자가 임신하여 아들을 낳으니 그가 잘 생긴 것을 보고 석 달 동안 그를 숨겼으나
3. 더 숨길 수 없게 되매 그를 위하여 갈대 상자를 가져다가 역청과 나무 진을 칠하고 아기를 거기 담아 나일 강 가 갈대 사이에 두고
4. 그의 누이가 어떻게 되는지를 알려고 멀리 섰더니
5. 바로의 딸이 목욕하러 나일 강으로 내려오고 시녀들은 나일 강 가를 거닐 때에 그가 갈대 사이의 상자를 보고 시녀를 보내어 가져다가
6. 열고 그 아기를 보니 아기가 우는지라 그가 그를 불쌍히 여겨 이르되 이는 히브리 사람의 아기로다
7. 그의 누이가 바로의 딸에게 이르되 내가 가서 당신을 위하여 히브리 여인 중에서 유모를 불러다가 이 아기에게 젖을 먹이게 하리이까
8. 바로의 딸이 그에게 이르되 가라 하매 그 소녀가 가서 그 아

기의 어머니를 불러오니

9. 바로의 딸이 그에게 이르되 이 아기를 데려다가 나를 위하여 젖을 먹이라 내가 그 삯을 주리라 여인이 아기를 데려다가 젖을 먹이더니

10. 그 아기가 자라매 바로의 딸에게로 데려가니 그가 그의 아들이 되니라 그가 그의 이름을 모세라 하여 이르되 이는 내가 그를 물에서 건져내었음이라 하였더라

본문을 보면 문제가 여러 가지임을 알 수 있다.

■ 문제 1.

모세 어머니 요게벳이 임신한 것이 문제다.

아들인가? 딸인가? 아들이면 강물에 던져야 한다. 남자아이라면 죽여야 한다. 그것도 가족의 손으로. 그래서 늘 불안하다. 점점 배가 불러올 때 주위사람들이 "임신한 배를 보니 사내아이 같네"라고 하면 요게벳은 불안을 감추지 못하고 한숨만 나왔을 것이다.

■ 문제 2.

집에서 키우는 것도 문제다. 분명 이집트 법으로는 아이를 강물에 던져야 하는데 살려둔 것이다. 매일 매일 아이를 감추고 키운다는 것도 쉽지 않은 일이다. 당시 이집트 정권은 히브리 백성 모두를 강제 노역에 나가 일을 하

게 했다. 그렇다면 모세의 집안도 예외는 없다. 어떻게 매일 이집트 군사에게 들키지 않고 감출 수 있을까? 문제다. 만약 이집트 군사에게 들키면 그날로 가족들은 모두 죽는다.

■ 문제 3.

강물에 던져야 되는 것이 문제다. 어떻게 살아있는 아이를 강물에 던질 수 있을까? 아이를 키워본 어머니들이라면 이것이 얼마나 억장이 무너지는 문제인가? 대신 죽어서 해결 할 수만 있다면 얼마나 좋겠는가?

모세 아버지가 가족회의를 하자고 한다. 어떻게 할 것인가? 회의 결과 가족 모두는 아이를 강물에 던지는 것으로 결론을 내렸다. 가족은 남편과 아론, 그리고 미리암. 이들도 살아야 하지 않는가?

그냥 모세를 키운다는 것은 가족들 모두를 불행으로 만드는 행위다. 그러나 어머니의 심정은 다르다.

■ 문제 4.

바로 공주 앞에 갈대 상자가 발견된 것이 문제다. 이때는 법적으로 히브리 남자 아이는 강물에 던져야 하는 국법이 존재하기에 당연히 바로의 공주는 히브리 아이라고 하면 강물 속에 다시 던져야 한다.

성경에 많은 문제점들이 있지만 그 중 가장 심각한 문제점을 찾아야 하나님의 해결이 강하게 나타날 수 있다. 상기 여러 문제점들 중에 가장 큰 문제

(대표적 문제)는 무엇일까? 임신한 것? 아이를 집에서 키우는 것? 바로 공주 앞에 갈대 상자가 간 것? 가장 큰 문제(대표적 문제)는 아이를 강물에 던져야 하는 어머니다.

강물에 던지는 것이 문제라는 관점을 갖고 바라보게 되면 성경의 문제는 확실하게 살아나며 설교의 재료가 엄청 많아지게 된다. 청중에 적용할 것이 많이 나오기 때문이다.

아이를 던져야 하는 어머니의 입장을 살펴보자.
어머니가 마지막으로 행동할 수 있는 것은 무엇인가? 갈대 상자를 만드는 것이다. 이것이 해결인가? 아니다. 더 깊은 문제 속으로 들어가 보자.

어머니가 갈대 상자 만드는 것은 아이의 관을 만든 것이다. 이 한마디가 얼마나 문제를 깊게 만드는가. 그것도 살아있는 아이를 관에 넣고 물속에 던진다는 것이 얼마나 큰 문제인가. 갈대 상자에 역청을 바르고 물이 들어가지 않도록 최선을 다하는 어머니! 이것이 어머니가 자식에게 할 수 있는 마지막 도리였다. 아이의 관을 만드는 어머니의 마음은 어떨까?

어머니가 마지막 밤을 자기 아들 모세와 밤새도록 울면서 보낸다.
요게벳은 모세에게 마지막 젖을 물린다. 정신없이 젖을 빨고 있는 아이를 볼 때 어머니의 마음은 천 갈래 만 갈래로 찢어진다. 젖을 물린 어머니의 눈물은 흐르고 또 흐르고 멈추지 않는다.

동트기 전 갈대 상자를 들고 강으로 나가는 어머니 발걸음은 정말 무겁다. 똑같은 길을 걸어봤지만 오늘 이 길은 왜 이렇게 힘들지? 털썩 주저앉아 울지만 나머지 가족을 생각하면서 정신 차리자 하고 발걸음을 나일강으로 향한다. 아이의 관을 들고 가는 어머니.

강물 앞에 서서 갈대 상자를 내려놓는 것, 아이를 내 손에서 떠나보낸다는 것, 어머니도 죽고 싶다. 아이를 어머니가 죽인다고 생각하니 쉽게 내려놓을 수가 있을까? 절대 쉽지 않다. 내 손으로 떠나보내야 하는데 어머니는 그럴 수가 없다. 처절한 몸부림 속에서 갈대 상자는 이미 물에 닿아 흘러가고 있다.

이렇게 문제를 찾아서 깊게 문제를 확대하는 이유는 해결이 강하게 나타나기 때문이다. 해결은 하나님이 하시는데 어떻게 해결하시는지 살펴보자.

어머니가 죽으라고 강물에 던진 아이를 하나님은 강물에서 도로 찾아 어머니 품에 들려진다.

하나님의 역사는 문제가 얼마나 깊어지느냐에 따라 하나님에 의한 기적의 역사가 성도들에게 '확!' 들어나게 한다.

만약 문제가 깊지 않았다고 가정해보자!

"어머니는 누구나 아이를 버리는 상황이었기에 그 법에 따라 버렸습니다. 그런데 하나님은 건져주셨습니다."

이렇게 설교를 한다고 하면 하나님의 역사가 나타나겠는가?

설교에서 문제점의 최종 목표는 성경이 말하고자 하는 사건과 동일하게 경험Experience 하는 것이다. 과거의 경험을 오늘 우리 성도들이 체험하게 하는 것이 설교자가 해야 할 위대한 사명이다. 과거의 하나님을 오늘의 하나님, 미래의 하나님과 연결해서 청중에게 증거하는 것이 설교자의 가장 중요한 핵심이고 사역이다.

출애굽기 1장 22절~2장 10절

22. 그러므로 바로가 그의 모든 백성에게 명령하여 이르되 아들이 태어나거든 너희는 그를 나일강에 던지고 딸이거든 살려두라 하였더라

1. 레위 가족 중 한 사람이 가서 레위 여자에게 장가 들어

2. 그 여자가 임신하여 아들을 낳으니 그가 잘 생긴 것을 보고 석 달 동안 그를 숨겼으나

3. 더 숨길 수 없게 되매 그를 위하여 갈대 상자를 가져다가 역청과 나무 진을 칠하고 아기를 거기 담아 나일 강 가 갈대 사이에 두고

4. 그의 누이가 어떻게 되는지를 알려고 멀리 섰더니

5. 바로의 딸이 목욕하러 나일 강으로 내려오고 시녀들은 나일 강 가를 거닐 때에 그가 갈대 사이의 상자를 보고 시녀를 보내어 가져다가

6. 열고 그 아기를 보니 아기가 우는지라 그가 그를 불쌍히 여겨 이르되 이는 히브리 사람의 아기로다

7. 그의 누이가 바로의 딸에게 이르되 내가 가서 당신을 위하여 히브리 여인 중에서 유모를 불러다가 이 아기에게 젖을 먹이게 하리이까

8. 바로의 딸이 그에게 이르되 가라 하매 그 소녀가 가서 그 아기의 어머니를 불러오니

9. 바로의 딸이 그에게 이르되 이 아기를 데려다가 나를 위하여 젖을 먹이라 내가 그 삯을 주리라 여인이 아기를 데려다가 젖을 먹이더니

10. 그 아기가 자라매 바로의 딸에게로 데려가니 그가 그의 아들이 되니라 그가 그의 이름을 모세라 하여 이르되 이는 내가 그를 물에서 건져내었음이라 하였더라

슬픔이 기쁨으로

모세 시리즈 2

PW: 기도
MIW: 갈대상자

사람들이 살면서 때때로 착각할 때가 있기도 합니다. 대표적인 예로 시어머니가 어떤 착각을 하고 있는지 한 번 보겠습니다.

(예화 _ 시어머니의 착각)

 지금 왜? 유머를 하는지를 이해해야 한다. Part5(모세시리즈 5편) 참조

시어머니의 착각이 무엇이냐면 며느리가 딸이라고 생각하는 것입니다. 며느리는 절대 딸이 될 수 없습니다. 혹시 그렇게 생각한다면 큰 착각입니다. 그럼 사위는 아들입니까. 아닙니다. 사위는 내 아들이 아닙니다. 그것도 착각입니다. 또 하나는 장가간 아들이 아직도 내 아들이라고 생각하면 그것도 착각입니다. 착각이 또 있는데 아직도 며느리를 보면서 자기도 젊은 줄 아는

것입니다. 지금도 화장을 하면 예쁜 줄 아는데 안 예뻐요. 그것도 착각입니다. 옷을 좀 멋있게 입고 나가면 사람들이 자기를 거리에서 쳐다보는 것 같은데 절대 쳐다보지 않습니다.

오늘도 우리가 신앙 안에서 착각할 때가 많이 있습니다. 착각으로 인한 신앙의 오류를 범하지 않고 늘 주 안에서 기쁨으로 승리하는 한 주간되기를 바랍니다.

우리 삶에 기적이 있을까요? 이렇게 질문을 하면 대다수 사람들은 "기적이 있는 것도 같고 없는 것도 같습니다"라고 말합니다. 그런데 기적은 반드시 존재합니다. 어떤 사람은 생각할 것입니다.

'왜 내 삶에는 기적이 없는 것일까?'

그것은 내가 지금 원하는 기적이 굉장히 크기 때문입니다. 그러나 우리 삶에서 일어나는 크고 작은 모든 일들이 기적인 것입니다.

목숨이 끊어진 사람에게 한 번의 들숨이 목숨을 살리는 기적을 나타나게 합니다. 갈증을 느끼는 사람에게 이슬 한 방울이 그에게는 기적이 될 수 있습니다. 우리가 살면서 느껴보지만 정말 1초 사이 속에서도 자동차가 아슬아슬하게 빗겨가거나 다치지 않는 경우를 볼 수 있습니다. 이것 또한 우리 삶의 큰 기적입니다.

신앙생활하면서도 마찬가지입니다. 우리는 신앙생활하면서도 너무 큰 기적을 요구합니다. 홍해가 갈라져야만 기적이라고 여기지만 우리 삶에도 기적은 참 많습니다. 작은 기적이 큰 기적의 시작입니다.

따라서 '기적이 있느냐, 없느냐' 누군가 묻는다면 여러분은 확실한 의지를 갖고 '기적은 반드시 존재한다'고 생각하길 바랍니다.

왜냐하면 우리의 모든 삶, 모든 사건, 우리가 행하는 모든 일이 다 하나님께서 하시는 일이고, 예수 그리스도가 개입한 것이며, 성령이 개입하는 순간 모든 것이 기적이 되기 때문입니다.

내가 어떤 사람과 계약을 한다고 할 때 계약은 절대 쉽지 않습니다. 그러나 하나님이 개입해서 그 계약을 맺게 합니다. 분명 기적입니다. 그러나 그것을 기적으로 보지 않고 우연의 일치라고 보기 때문에 때때로 우리는 기적이 없다고 느끼는 것입니다. 우리 삶의 부분 부분에 하나님께서 개입하는 모든 일이 기적으로 이루어진다는 이 사실을 믿음으로 고백하는 여러분 되기를 축복합니다.

본문에서는 놀라운 기적을 소개하고 있습니다.

많은 사람들은 어쩔 수 없는 환경 속에서 아이를 강물에 던집니다. 아이를 강물에 던졌을 때는 그 아이가 살 수 있을 것이라고 아무도 생각을 못합니다.

하지만 오늘 본문에는 어머니의 손에 의해 강물에 던져진 아이가 다시 어머니 손에 들려 아이를 껴안는 그런 기적을 볼 수 있습니다.

성경 본문에 나온 당시 배경은 남자가 태어나면 모두 강에 던져야 했습니다. 아이를 나일강에 던져야만이 가족이 살 수 있었습니다. 그래서 나일강에는 어제도 '풍덩' 오늘도 '풍덩' 아이 던지는 소리가 계속 들렸습니다.
　왜 아기를 그렇게 던져야만 할까요? 남자 아이를 죽이지 않으면 가족 전체가 몰살당하기 때문입니다. 그래서 나일강 주변에는 아기를 던진 어머니들이 모두 강 주변에 앉아 패닉 상태에 빠져있습니다. '무슨 세상이 이러한가, 이럴 수가 있는가?' 하지만 이것이 나라가 정한 법칙이었습니다.

　이집트는 당시 인구 억제정책을 쓰기 시작했습니다. 1차적으로 시행한 정책은 보기 좋게 실패했습니다. 그리고 다시 2차 계획을 세워 산파를 통해 아이를 죽이라는 계획을 세웠는데 이것 또한 실패했습니다. 그래서 이번에는 3차 계획으로 사내아이가 태어나면 다 무조건 강물에 던지라고 명령했습니다.
　인위적으로 던지지 못하니까 이집트 군사들이 어떤 집이 임신을 했다는 것을 기록하게 하고 아이를 낳을 때 쯤 가택수사를 합니다. 그리고 아이가 집에 있으면 가족전체를 몰살시키는 비극적인 상황이 전개됩니다. 이런 상황가운데 모세라는 아이가 태어나게 됩니다.

　암울한 세상에 모세도 태어났기에 강물에 던져질 수밖에 없는 상황이었습니다. 그런데 던질 수가 없었습니다. 왜 던질 수 없었을까요?
　성경에는 그 이유를 구체적으로 설명하고 있습니다. 아기가 너무 잘생겨서 던질 수 없었습니다. 방긋방긋 웃는 아이를 어떻게 강물에 던질 수 있겠습니까.
　그래서 위험한 상황 속에서 키운 겁니다. 군사들이 언제 들이닥칠지 모르는 위험한 상황 속에서 아기를 키운 것입니다. 그리고 장장 3개월을 키웠다고 성경은 기록하고 있습니다. 이 기간은 어떻게 보면 목숨을 건 시간들입니다.

군사들은 매일 집집마다 가택조사를 하고 있는데 이제는 더 이상 숨길 수 없는 상황에 놓였습니다. 가족들은 회의를 했습니다. 결론은 '아기를 던지자'였습니다. 가족이 살기위해서 어쩔 수 없이 선택한 결론이었지만 어머니로서는 납득할 수 있는 상황은 아니었습니다.

그래서 전날 밤 어머니는 갈대 상자를 만듭니다. 아이가 걱정되어 조심스럽게 역청을 바르며 물이 새지 않도록 갈대 상자를 만들고 있었습니다. 말이 갈대 상자지 어머니는 아기 관을 만들고 있는 것입니다.

갈대 상자 다 만들어 놓고 잠자는 아기를 보니 얼마나 기가 막히겠습니까. '어찌 이럴 수가 있나, 왜 이 세상에 태어났는가' 오열을 합니다. 여인의 가장 큰 행복은 아이에게 젖을 물리고 품에 안고 있는 것이라고 합니다. 잠자는 아기를 깨워 마지막으로 어머니는 젖을 물릴 때 북받쳐 오른 눈물이 '왈칵' 쏟아집니다.

어머니가 아기를 갈대 상자에 넣고 강물에 던지면서 마지막 할 말이 있다면 어떤 말일까요? '난 널 버리지만 살아만다오'라고 이야기할 것 같습니다.

강물에 던져 놓고 생각해보니 하나님이 원망스러웠을 것입니다. 지금까지 신앙을 갖고 살면서 하나님을 단 한 번도 원망해 본적 없지만 오늘 만큼은 하나님이 너무 싫었을 것입니다.

현실적으로 청중이 느낄 수 있는 감정을 표현하여 공감대를 형성한다.

'왜 이렇게 됐지?'라고 생각해보며 이 모든 일이 하나님께서 하신 것 같아 원망도 해 봅니다. 아이와 함께 강물에 뛰어들까 생각도 했습니다. 그러나 남은 가족을 생각해서 죽지 못하고 돌아섰을 것입니다.

그런데 문득 이런 생각을 합니다.

'만약 하나님이 살아계신다면, 하나님이 기적을 베푸신다면 가능하지 않을까'

맞습니다. 하나님이 살아계신다면, 하나님이 역사하신다면 그 일은 얼마든지 가능합니다. 기적은 얼마든지 일어날 수 있습니다. 불가능한 현실 속에서 기적은 나오게 되어있습니다. 안 된다고 할 때 되게 하는 것이 하나님의 역사이기도 합니다.

어머니는 강물에 아이를 던졌지만 하나님은 강물에서 아이를 건져 어머니 품으로 안겨주시는 분입니다. 그래서 모세의 이름이 '그를 물에서 건졌다'라는 뜻을 갖고 있습니다. 어떤 물인가요? 죽음의 물입니다. 하나님은 죽음의 물에서 건지신 것입니다.

하나님은 갈대 상자를 기적의 상자로 바꾸셨습니다. 미라클 박스인 것입니다. 사람들은 수장시키려고 버렸던 갈대 상자이지만 하나님은 그것을 기적으로 변화시키시는 분입니다. 살아있는 아이를 강물에 던졌지만 던지는 순간부터는 하나님께서 지켜주신 것입니다.

사람의 손이 갈대 상자를 붙들고 있을 때는 역사가 일어나지 않습니다. 그러나 붙들고 있던 갈대 상자를 내려놓을 때 하나님의 손이 갈대 상자를 붙들고 운행하시는 것입니다. 움켜쥐고 있으면 그 갈대 상자는 절대로 역사하지 않습니다. 할 수 없다는 것을 알고 빨리 내려놓으시기를 바랍니다. 그래야 하나님께서 붙드셔서 역사하는 것입니다.

당시 나일강에는 악어가 엄청나게 많았습니다. 지금도 악어가 많이 있습니다. 당시에는 아이를 강물에 던지면 악어 밥이 되는 것이었습니다. 그런데 이 갈대 상자는 다른 곳으로 흘러가지 않았습니다. 하나님이 갈대 상자를 붙들고 계신다음 공주를 부르셨습니다.

어느 날 공주는 갑자기 목욕이 하고 싶었습니다. 그리고 갈대 상자를 발견한 것입니다. 하나님이 바로의 공주만 볼 수 있도록 하셨습니다. 공주가 무엇이냐고 묻고 그 갈대 상자를 가지고 오라고 하는 순간에 아이를 보자마자 말합니다.

"히브리 남자아이구나."

히브리 남자아이는 강물에 던져야 하는 것이 법이었습니다. 왕이 정한 법이기에 당장 버려야 합니다. 그러나 공주의 마음에 불쌍한 마음이 들었습니다. 정말 놀라운 일입니다.

누가 한 일입니까? 바로 하나님이 하신 것입니다. 모든 이들의 눈을 가리고 공주의 눈에만 띄게 한 것입니다.

모세의 누이가 그 모습을 지켜보고 있다가 "내가 알고 있는 히브리 유모가 있는데 불러다가 젖을 먹이라고 할까요?"라고 말합니다. 공주는 "그래 가서 데리고 오라"고 합니다.

어떻게 된 것일까요? 이것이 바로 하나님의 역사입니다. 하나님이 하시면 모든 일들이 가능해집니다. 어머니는 '제발 살아만 다오' 하고 강물에 던진 아이가 살아서 돌아왔을 때 얼마나 기쁨의 눈물을 흘렸겠습니까. 아침에는 서러워서 눈물 흘렸는데 오후에는 기쁨의 눈물을 흘리게 된 이 사건. 말이 된다고 생각합니까? 하나님은 말이 안 되는 것도 되게 하시는 분입니다. 소설 같은 이 일들이 하나님이 역사하지 않으시면 결코 일어날 수 없습니다.

그렇다면 나일강에 너도 나도 아이를 던졌는데 어떻게 이 아이만 살아서 바로의 공주 손에서 클 수 있었을까요? 그 이유는 다른데 있지 않습니다. 모세 어머니는 늘 기도했던 사람입니다.

기도가 기적을 만듭니다. 모세 어머니는 아이를 임신할 때부터 기도했습니다. 왜냐하면 레위 자손으로 살아서 하나님을 신실하게 믿었던 사람이기에 하나님 앞에 기도할 수밖에 없다고 생각했습니다. 왜 그럴까요? 배 안에 있는 아이가 여자아이가 되도록. 남자아이가 되면 당연히 강물에 던져야하기 때문에 여자아이로 태어나게 해달라고 기도할 수밖에 없었습니다. 그런데 사람들이 지나가면서 '뒤태를 보니 남자네? 사내아이 같아'라고 할 때 얼마나 걱정이 되었겠습니까? 그래서 더욱 기도하게 된 것입니다.

'하나님, 혹시 이 아이가 남자아이로 태어난다면 법이라도 바꿔주세요'라고 기도했는데 남자아이가 태어난 것입니다.

어머니는 더 기도할 수밖에 없었습니다. 3개월 동안 몰래 키우는데 당시 상황은 노동을 해야 합니다. 부모 모두 일을 해야 하기 때문에 어린 누나 미리암이 혼자 아이를 봐야 하는데 어머니 입장에서 얼마나 걱정이 되겠습니까. 어머니는 일을 나갈 때마다 더 기도하게 됐습니다. 기도가 쉬지 않고 계속 이어집니다.

어떤 때는 기도해도 응답도 없고, 앞이 캄캄한 상태가 계속될 때가 있습니다.

그러나 모세 어머니는 아이를 강물에 던져놓고도 기도를 포기하지 않았습니다. 기도를 포기하지 않으면 하나님은 절대 포기하지 않습니다. 그래서 기도가 기적을 만드는 것입니다.

그렇다면 <u>기도는 무엇일까요? 바로 슬픔을 기쁨으로 바꾸는 도구</u>가 기도입니다.

기도 속에 보낸 갈대 상자, 기도의 응답을 안고 춤을 추는 모습이 그려집니다. 슬픔 가득했던 갈대 상자가 기쁨의 갈대 상자 되어 내 품으로 돌아오지 않습니까. 소설 같은 이야기입니다. 그러나 말이 안 되는 상황도 말이 되게 하는 것이 기도인 것입니다.

기도는 슬픔을 기쁨으로 바꿉니다. 우리에게도 힘들고 어려운 갈대 상자가 있습니다. 내가 갖고 있는 갈대 상자는 무엇입니까? 어떤 사람은 갈대 상자를 움켜지고 너무 힘들어합니다. 어떤 사람은 대출이라는 갈대 상자를, 어떤 사람은 사업장이라는 갈대 상자를, 또 어떤 사람은 취업이라는 갈대 상자를 끌어안고 너무 힘들어하고 있습니다.

누구나 갈대 상자는 가지고 있으며 그것으로 인해 좌절하기도 하고 괴로워합니다. 그러나 이때 기도하길 바랍니다. 기도합시다. 하나님께서 해결해주실 것입니다.

기도는 상황에 따라 하는 것이 아닙니다. 보이지 않고 힘들고 어려울 때 기도해야 슬픔이 기쁨으로 바뀝니다.

'7,200원의 기적'이라는 이야기가 있습니다. 충청도 예산 시골마을에 한 형제가 있는데 동생이 굉장히 아팠습니다. 형은 아무것도 해줄 수 있는 것이 없었습니다. 동생이 맨날 아프니깐 형은 학교 가는 길에도 기도하고 잠 잘 때도 기도하고 시시때때로 기도했습니다.

그런데 어느 날 동생이 방바닥을 구르면서 너무 아파했습니다. 어머니를 부르려니 멀리 밭에 나가있었습니다. 형은 저금통을 들고 시내로 나갔습니다. 약국에 들어가자마자 "동생 좀 살려주세요. 약 좀 주세요"하고 저금통을 내려놨습니다. "혹시 돈이 부족하다면 나중에 커서 갚을 테니 동생 좀 살려주세요"라고 부탁했습니다. 때마침 H 병원에 있는 과장이 휴가차 약사인 동생 집에 놀러와 있었습니다. 그래서 그 이야기를 듣고 아이의 집에 가서 진찰했는데 급성심장병이었습니다.

수술을 바로 하지 않으면 아이가 죽을 것 같다며 서울로 급히 후송해 수술을 했습니다.

수술은 다 끝났는데 어머니는 걱정이 됐습니다. 수술비도, 실비보험도 없었기 때문입니다. 이런 상황 속에서 의사가 찾아와 이야기 합니다.

"병원비 걱정하지 마세요. 병원비는 다 지불되었습니다."

어머니가 깜짝 놀라서 "어떻게 병원비가 다 정산됐나요?"라고 물으니 어머니 옆에 꼭 붙어있는 형을 가리키며 "이 아이가 다 지불했습니다"라고 말했습니다. 이것이 바로 7,200원의 기적입니다.

성경 본문을 통해 하나님의 말씀을 듣고 어떤 생각이 듭니까?

'정말 가능한 일일까?'하는 의심이 들 수도 있습니다. 그러나 기도는 의심을 멀리하게 합니다. 의심하지 말고 <u>기도는 반드시 기적을 낳는다</u>는 것을 기억하길 바랍니다. 기도 없는 삶에는 이런 기적이 나타나지 않습니다. 나타나도 보지 못합니다.

모세 어머니는 법이 바뀌든지, 아니면 차라리 딸로 태어나게 해 달라고 기도했지만 하나님은 노예의 신분에서 왕자의 신분으로 바꿔주셨습니다. 천민에서 왕궁의 신분으로 바꾼 분이 하나님이신 것입니다. 어머니는 아기만 살려달라고 기도했지만 하나님은 그 이상 초월해서 노예를 왕자의 신분으로 바꿔주신 것입니다.

만약 모세 어머니 말대로만 기도가 응답됐다면 모세는 평범한 천민의 신분으로 살아갈 수밖에 없고, 노예로 살아갈 수밖에 없는 사람으로 그냥 그렇게 살아갔을 것입니다.

어머니는 아이를 버렸지만 하나님은 그 아이를 찾아 어머니 품에 돌려주셨습니다. 아침에는 분명 노예 신분으로 아이를 버렸지만 오후에는 왕자의 신분으로 변화된 것이 얼마나 놀라운 사건입니까. 더욱 놀라운 것은 모세 어머니가 자기 아들에게 젖을 물리면서 돈도 받을 수 있다는 것입니다.

이전에는 이집트 군사들이 집에 쳐들어와 가택 수사를 했는데 이제는 이집트 군사들이 이 아이를 지켜줍니다.

인생이 하나님의 손에 붙들리면 하루아침에 달라집니다. 이 말씀 속 주인공처럼 되고 싶지 않으십니까?

이처럼 기도하면 슬픔이 기쁨으로 바뀝니다. 기도하는 백성이 있는 한 나라는 망하지 않습니다. 기도하는 가정이 있다면 그 가정은 흥왕해집니다. 이것을 꼭 기억하길 바랍니다. 내 자녀 내가 키우는 것보다 하나님이 키우시면 더 잘 키울 수 있습니다. 내가 붙들고 애지중지 하지 말고 하나님께 맡기기를 바랍니다.

우리가 갈대 상자를 보고 끌어안고 좌절한다면 아무것도 보지 못합니다. 그 어떤 것도 기대할 수 없습니다. 그러나 내가 기도하면 기적의 갈대 상자가 내 품에 안기고 슬픔이 기쁨이 되는 겁니다.

결론 맺겠습니다. 내 삶에 기적을 경험하고 싶습니까? 나 역시 기적을 경험하고 싶습니다. 그러나 아무리 눈을 씻고 찾아봐도 불가능이라고 생각할 때가 참 많습니다. 이게 정말 내 삶에 일어날까 의심할 때도 있습니다.

어떤 성도는 이야기합니다. "목사님, 왜 저 사람은 잘 되는데 나는 안 되나요?" 물어볼 때도 있습니다.

그것에 대해서는 잘 알지 못합니다. 그러나 한 가지 분명히 알 수 있는 것은 갈대 상자를 붙들고 기도하는 사람은 그 갈대 상자가 기적의 박스로 바뀔 것이고, 갈대 상자를 끌어안고 기도하지 않은 사람은 갈대 상자가 아마 그대로 있을 것입니다.

우리가 기도하고자 한다면 '바쁘다, 시간 없다, 환경적으로 안 된다' 말하지 말고 오늘부터라도 갈대 상자를 붙들고 다시 기도해 보기를 바랍니다. 기도의 불을 한 번 붙여보길 바랍니다. 그동안 기도가 너무 소홀했다면 이제 기도의 불을 내 심령에 태워보길 바랍니다. 그리고 갈대 상자를 다시 한 번 보길 바랍니다. 그 갈대 상자 안에 무엇이 있는지 보기를 바랍니다. 분명 변화가 있을 것입니다. 기도의 갈대 상자는 반드시 기적으로 바뀌게 되어있습니다.

이 말씀을 들은 대로 결단하고 나갈 때 하나님의 역사가 임할 줄로 믿습니다. 고통의 갈대 상자가 소망의 갈대 상자로 변화될 것이며 풍성한 은혜를 부어주실 줄 믿습니다.

설교의 이미지

PART 3

Part 3.
설교의 이미지

모세시리즈 2편은 질문을 통해 설교의 관점, 추론을 찾아내는 방법에 대해 알아봤다면 모세시리즈 3편에서는 문제점Problem를 찾아낼 수 있는 방법 중 하나인 '이미지 방법'을 설명하고자 한다.

이미지 방법은 설교자에게 풍성한 자료를 제공해준다.

1970년대 월남전은 치열했다. 1972년 6월 8일 정오 무렵 사이공 서쪽 25마일 트랑방이라는 마을 부근에서 전투가 벌어지고 있었다. 로켓포와 박격포가 쉴 새 없이 터지고 있었다. 그때 저공으로 비행하던 비행기에서 네이팜탄 4개가 투하됐다. 참호 속 베트콩을 겨냥했다고 하지만 네이팜은 민간인이 거주하는 트랑방 마을에 투하됐다. 마을이 순식간에 아수라장으로 변하고 주민들은 비명을 지르고 흩어져 도망쳐 나오기 시작했다.

할머니가 품고 있던 아기의 몸에서 살점이 떨어지는 현장 속에 한 AP 종군기자가 분노를 떨며 사진을 찍기 시작했다. 그때 9살 소녀(이름: 판티 킴폭)가 벌거벗은 체 고통스런 표정으로 달려오는 장면을 사진에 담았다. 이 사진의 이름이 '네이팜 소녀'다. 이 사진 한 장으로 인하여 월남 전쟁이 종식하게 됐고 언론의 노벨상이라고 불리는 퓰리처상을 받게 됐다.

이 사진 한 장이 베트남전의 참상을 전 세계에 고발하며 수천만 명의 심금을 울리게 한 것이다.

이렇게 이미지는 많은 말보다 한 장의 그림이 효과가 있다. 그림이 모든 것을 상상하게 하고 결과도 스스로 가져온다.

불교라고 말할 때 말이 떠오르는가? 아니면 이미지가 떠오르는가? 아마도 이미지일 것이다. 자동차를 알지 못하는 사람에게 자동차를 말로 설명하면 이해가 잘 될까? 이미지로 설명하면 많은 이야기를 할 수가 있을 것이다. 성경을 글로 읽으면 얼마나 설명할 수 있을까? 표현력이 제대로 나올 수 없다. 그러나 성경을 이미지로 보고 말 한다면 수많은 이야기를 할 수 있다.

아마도 내가 이미지 안으로 들어간다면 더 많은 이야기를 할 수 있을 것이다. 그래서 성경을 이미지로 보는 것이다. 설교와 이미지는 아주 밀접한 관계를 갖고 있다. 이미지라는 개념을 보다 잘 이해할 수 있다면 표현력이 엄청 상승될 것이다. 그리고 전달의 효과까지 톡톡히 볼 수 있다. 이미지로 된 설교는 현장감 있는 설교로 가능하며 말씀을 듣는 청중들도 글로 이해하는 것이 아닌 이미지로 이해하게 된다.

이미지로 만든 설교는 시대와 장소를 벗어날 수 있다는 것이 장점이다. 과거와 현재, 그리고 미래의 시공간의 격차를 줄인 설교로 가능하다. 과거에 기록된 사건의 현장을 오늘날 내가 살고 있는 현장으로 만들 수 있다.

성경전체는 이미지기법을 사용하고 있다. 단어 하나하나, 성경은 압축과 생략법을 사용하고 있고, 이미 이미지로 농축된 내용들이 상당하다. 에스겔서도 그렇다. 이사야서는 어떤가? 문자적 이미지로 되어있고, 예언서에도 선지자들이 보고 들은 것이 모두 이미지 기법으로 되어 있다.

예를 들면 다윗이 밧세바와 범죄이후 나단 선지자가 다윗을 찾아가서 책망할 때 부자가 가난한 자의 양 새끼를 빼앗아 잡는 것도 이미지로 보여준다.

신약성경에 나타난 부자와 거지 나사로의 이야기는 어떤가? 마찬가지다. 예수님도 보라! '공중에 나는 새를 보라! 들에 백합화를 보라!' 예수님이 얼마나 생동감 있게 전달했는가? 씨 뿌리는 비유역시 이미지로 소개했다. 설교자가 사용하는 예화는 어떤가? 그것 역시 이미지다.

모세시리즈 3편도 이미지가 그려지지 않으면 절대로 설교를 잘할 수 없다.

모세는 왕궁에서 자라서 왕궁의 생활이 익숙한 사람이다. 그는 바로의 공주 아들임에도 불구하고 공주의 아들을 거절하고 하나님의 백성과 함께 고난 받기를 잠시 죄악을, 낙을 누리는 것보다 더 좋아했다.

이것을 이미지로 묵상하지 않으면 설교는 간단하다.

그는 믿음 때문에 공주의 아들보다 고난 받는 백성들과 함께 고난 받기를 좋아했다. 왜? 그는 하나님이 주시는 상을 바라보았기 때문이다.

설교자가 현재의 눈으로 모세의 입장을 이미지화시키면 청중들이 쉽게 이해할 수 있다. 그가 공주의 아들이라 칭함을 왜 거절했는지를 구체화시켜 이미지로 보았다면 시제를 뛰어넘어 구체적으로 소개할 수 있을 것이다.
그리고 모세가 공주의 아들로 남기보다 고난 받기를 즐거워하는 이유에 대해 청중들을 역사의 현장으로 이끌고 갈 수 있을 것이다.
이미지 설교는 오감을 동원해서 설명해야 한다. 형용사와 부사를 잘 활용하면 설교의 내용을 풍성하게 만들 수 있다. 주변의 날씨, 해와 달, 주변 환경적 상황을 설명하거나 사람의 내면적 상태도 이야기할 수 있다. 마치 현장에서 보고 듣고 느끼듯이, 마치 체험한 것같이 설명해야 한다.
홍해가 갈라진 사건은 더욱더 그렇다. 청중들과 함께 홍해가 갈라지는 장면을 함께 볼 수 있도록 하려면 먼저 설교자가 이미지로 홍해의 장면을 봐야 된다.

이런 점에서 설교는 이미지 기법을 사용해야 풍성한 내용과 말의 전달 효과까지 극대화시킬 수 있다. 현장을 보고 설교하는 것과 현장을 보지 않고 설교하는 것은 많은 차이가 난다.

세상에서 가장 많이 사용하고 있는 방법이 이미지 효과다. 그 중 대표적으로 이해할 수 있는 것이 광고다. 모든 광고는 이미지로 되어 있다. 일기예보도 뒷배경에 지도와 구름, 비, 해, 이런 것들을 보여주며 설명한다. 시청자들의 이해를 돕기 위해서이다.

설교자도 그림 한 장만 보여주고 설교를 할 수 있는 이유는 그 그림에서 보여주고 있는 확실한 내용들이 있기에 가능하다. 그러므로 설교를 구상하면서 성경의 본문들을 이미지로 보고 설교를 구성하면 전달하는 과정에서 확신 있게 전달되는 효과를 볼 수 있다.

히브리서 11장 24~26절

24. 믿음으로 모세는 장성하여 바로의 공주의 아들이라 칭함 받기를 거절하고

25. 도리어 하나님의 백성과 함께 고난 받기를 잠시 죄악의 낙을 누리는 것보다 더 좋아하고

26. 그리스도를 위하여 받는 수모를 애굽의 모든 보화보다 더 큰 재물로 여겼으니 이는 상 주심을 바라봄이라

내려놓음

> 모세 시리즈
> **3**
>
> PW: 신앙
> MIW: 내려놓음

사람이 살다보면 좋은 소식도 있고 나쁜 소식도 있고 환장할 소식도 있습니다.

(유머 _ 좋은 소식, 나쁜 소식, 환장할 소식)

좋은 소식은 우리 집 아이가 학교에 갔는데 상을 받아왔습니다. 상의 명칭을 보니 우등상입니다. 좋은 일인가요 나쁜 일인가요? 좋은 일입니다.

그런데 가만히 보니까 옆집 아들도 우등상을 받아왔다고 합니다. 이게 나쁜 소식입니다.

환장할 소식은 학교에서 학생들 기 살린다고 모두에게 우등상을 줬다는 것입니다. 이거 환장할 노릇이죠.

어떤 사람이 쓰레기를 버리는데 종량제 봉투에다가 안 넣고, 그냥 살짝 버렸습니다. 물론 이게 좋은 일은 아닙니다.

그런데 나쁜 일이 생겼습니다. CCTV에 잡힌 것입니다. 환장할 소식은 무엇인지 아시나요? 양심을 버린 사람이라고 9시 뉴스에 나온 것입니다.

살다보니 남편이 처음으로 꽃을 하나 사 갖고 왔습니다. 이거 좋은 소식이죠. 그런데 나쁜 소식은 그 꽃을 가만히 보니 하얀 국화꽃만 있습니다. 환장할 소식은 무엇이냐면 장례식장에 갔는데 꽃이 아까워서 들고 왔다는 것입니다.

빼질빼질한 교회 집사님이 갑자기 "목사님 다음 주부터 교회 봉사 좀 하겠습니다" 말합니다. 이거 좋은 소식입니다. 나쁜 소식은 뭘까요? 병이 심해보이지 않는데 병원에 입원했다는 것입니다. 그래서 다음 주부터 봉사를 또 못합니다. 환장할 소식은 무엇인줄 아세요? 근처에 병원을 놔두고 저 멀리 있는 병원에 입원해 놓고 매일 같이 심방기도 해달라는 것입니다. 환장할 소식입니다. 차라리 가까운데 입원하지.

오늘 성경본문을 보면 이런 환장할 소식을 전하는 내용이 담겨 있습니다.

'모세'라고 하면 떠오르는 이미지가 있습니다. 인터넷에 검색해 보면 '이스라엘의 탁월한 지도자', '민족의 영웅', '신과 직접 대면한 자', '노예를 해방시킨 자', '아주 뛰어난 능력을 소유한 자'라고 나옵니다. 우리도 모세를 그렇게 알고 있습니다.

그런데 모세가 이집트 왕권의 대권주자였다는 것은 사람들이 잘 기억하지 못합니다. 모세는 이집트 왕권의 대권주자였습니다. 왜냐하면 그는 파라오 공주의 아들로 성장했기 때문입니다. 공주의 후광을 힘입어 승승장구했던 사람이 바로 모세였습니다. 모세는 부와 명예와 권력을 한 손에 쥐고 정말 잘 나갔던 사람 중에 한 사람이었습니다.

히브리 백성임에도 불구하고 화려한 왕궁생활을 하며 살았습니다. 어떻게 보면 그의 인생에서 가장 행복했던 시절일 수도 있습니다. 넓은 궁전, 편안한 잠자리, 화려한 의상, 산해진미의 음식. 그 무엇 하나 아쉬울 것도 없고 부러울 것 없는 정말 부족함 없는 사람이 바로 모세였습니다.

모세는 왕궁에서 정치·경제·문화·사회 심지어 군사학까지 모두 섭렵했습니다. 요세푸스의 기록을 보면 모세라는 사람은 30대 중반에 전쟁에 나가 대승을 거뒀다고 나왔습니다. 다시 말해 모세는 이집트 왕궁에서 최고 권력자의 꿈을 꾸면서 탄탄대로를 걸어간 사람입니다.

그는 꿈도 많았습니다. 그 모습을 보면 아주 야심이 가득 차 있습니다. 세상에 두려울 것도 없고, 무서울 것도 없이 살아갔던 사람 중 한 사람이었습니다. 최고의 자리를 꿈꾸며 힘차게 달려가고 있었습니다.

그런데 그의 나이 40세 때, 인생의 최고 결정적 가치를 누릴 수 있는 그 시기에 큰 변화가 찾아왔습니다. 모세는 공주의 아들이라는 것을 내려놓겠다고 합니다. 그동안 공주의 아들로 후광을 덧입고 대권주자로서 나아가고 있었지만 그 모든 것을 다 내려놓겠다는 것입니다.

어찌 된 일일까요? 이 모든 것을 내려놓는다는 것은 왕자의 신분에서 노예의 신분으로, 왕궁에서 천민으로 살아가겠다는 것과 같습니다.

왕자의 신분이 좋습니까? 아님 노예의 신분이 좋습니까? 참으로 이상합니다. 탄탄대로로 보장된 인생인데 그는 다 내려놓겠다고 합니다. 그 이유는 무엇일까요? 바로 히브리 백성이 눈에 보이기 시작한 것입니다.

하나님은 모세에게 나타나셔서 "너는 히브리 백성을 돌아보라" 말씀하십니다.

모세는 "왜 내가 히브리 백성을 돌봐야 합니까? 지금까지 내가 달려온 길은 왕자의 길인데 왜 갑자기 길을 바꿔서 이 사람들을 돌아봐야 합니까?" 따져 묻습니다.

왜냐하면 그 자리까지 결코 쉽지 않았기 때문입니다. 이 자리까지 와서 차기 대권주자를 노리고 있는데 이것을 내려놓는다? 절대로 내려놓기 싫은 것이 모세의 마음일 수도 있습니다.

모세는 공주의 아들로 자라온 사람입니다. 왕궁생활에 익숙해져 있습니다. 그런데 하나님이 갑자기 나타나셔서 "너는 이스라엘을 돌아봐라" 말씀하십니다.

지금까지 돌아본 적 없는 이스라엘을 돌봐야 하냐고 따져 물으면서도 그는 '어떻게 하면 좋을까'라고 했을 때 하나님은 분명히 말씀하셨습니다.

"너는 애굽 사람이 아니다. 너는 히브리 사람이다"라고 알려주십니다.

이것은 매우 충격적인 일입니다. 지금껏 왕궁에서 살았는데 히브리 백성이라는 것입니다. 자신의 민족은 이집트 백성인 줄 알았는데 히브리 백성이라고 말씀하신 것입니다. 이건 충격이었습니다.

지금껏 자신은 "애굽 사람 흉내를 낸 것인가" 생각하며 자기 인생을 돌아볼 수밖에 없었습니다.

참 어려운 결정 중에 하나입니다. 왕이 되느냐, 노예가 되느냐. 이 갈림길에 서게 됐습니다. 이때 하나님은 그에게 성령을 부어주시기 시작했습니다. 얼마나 성령이 강하게 역사하는지, 하나님께서 부어주시는 성령을 거절하고 싶어도 거부할 수 없었습니다. 받아들이고 싶지 않은데 자꾸 받아들여지는 것입니다. 이것이 성령의 역사입니다. 그래서 그는 하나님 앞에서 과감하게 공주의 아들이라는 칭함을 내려놓게 됩니다.

하나님의 계획은 무엇일까요? 하나님의 계획은 다른데 있지 않습니다.

"너는 이집트 지도자가 아니고 히브리 민족의 지도자다."

하나님은 모세를 40여 년 동안 왕궁에서 훈련시켰다고 말씀하십니다. 무엇 때문에 모세를 왕궁에서 훈련 받게 했을까요? 자신은 이집트 왕위계승자로 훈련받은 줄 알았지만 그것이 아니었습니다.

하나님의 멋진 계획은 그를 이스라엘 민족 지도자로 만들기 위한 수업을 받게 하신 것입니다. 이집트 문화 안에서 왕이 받는 수업을, 경제·문화·정치·사회 모든 분야에서 숙련되도록 한 것입니다.

그는 완벽하게 다 배웠습니다. 그 이유는 이스라엘의 완벽한 지도자로 만들기 위해 하나님이 왕궁에서 훈련을 시킨 것입니다. 이것이 하나님의 완벽한 계획이었습니다.

하나님의 때가 되매 이제 왕궁생활을 다 내려놓고 내 민족을 돌아보라 말씀하십니다.

그의 나이 40세 때. 40세는 남자가 인생에서 자기 능력을 최고치로 발휘할 수 있는 나이입니다. 인생절정의 나이가 40세인 것입니다.

그런데 하나님께서 그에게 다 내려놓으라고 말씀하십니다. 어떻게 보면 차라리 죽음을 선택하는 것이 낫지 왕궁의 모든 생활을 내려놓는다는 것은 결코 쉬운 일이 아닙니다.

그러나 하나님이 그의 모든 화려한 생활을 접게 했을 때 그는 그대로 모든 것을 받아들입니다.

그리고 하나님께서 "내 백성을 돌아보라" 말씀하실 때 그 마음을 열기 시작하자 히브리 백성이 불쌍하게 보이기 시작했습니다. 이전에는 이집트 군인들에게 히브리 사람들이 구타를 당하는 모습을 보아도 아무런 감정이 없었지만 이제 화가 나기 시작합니다.

이집트 군인으로 높은 지위를 갖고 있는 사람이 히브리 사람을 때리고 억울하게 고통을 주는 장면을 보게 됩니다.

"아니 내 민족을 건드려?" 모세는 마음속에 화가 치밀어 오르기 시작했습니다.

이제는 히브리 백성들이 이집트 군인에게 핍박 받는 것을 두고 볼 수가 없었습니다. 이전에는 느끼지 못했던 감정이었습니다. 그래서 모세는 이집트 고위직에 있는 사람을 때려 죽였습니다.

"미쳤지. 진짜 미친 거야. 내가 왜 그랬지?"

모세는 당황했을 수 있습니다. 그러나 하나님께서 성령을 부어주시면 왕궁보다 평민의 생활이 더 좋다고 이야기합니다. 안정되고 보장된 생활보다 하나님의 백성으로 고난 받기를 더 좋아한다고 그는 고백하고 있습니다.

하나님은 모세가 태어날 때 이미 결정을 하셨습니다.

"내가 너를 히브리 민족의 지도자로 만들겠다."

하나님의 강한 의지가 들어있었습니다. 따라서 갈대 상자가 다른 데로 가지 않고 바로의 공주에게로 갈 수밖에 없었던 것입니다. 왜? 하나님의 계획하심이 있었기 때문입니다.

하나님은 모세를 히브리 민족의 지도자로서 수업을 시킬 장소로 이집트 왕궁을 택하셨습니다. 가장 안전한 장소에서 보호를 받으며 자라야 할 곳으로 이집트 왕궁을 선택하신 것입니다. 그때 당시 최고의 학문을 자랑하는 이집트 문화 속에 지도자 수업을 받을 수 있는 장소가 바로 이집트 왕궁입니다. 하나님은 그래서 바로의 공주 앞에 갈대 상자를 끌고 간 것입니다.

하나님의 때가 되자 이제 네 민족을 돌아보라 말씀하십니다. 이제 모세는 더 이상 바로 왕궁에 있어서는 안 됩니다.

"이제 왕궁생활은 다 접고 내 백성과 함께 내가 고난 받기를 즐겨하겠다"고 모세가 고백합니다. 이것은 성령의 역사가 아니면 불가능한 일입니다.

예수님이 이 땅에 오실 때도 모든 것을 내려놓고 오셨습니다. 그 분은 인간이 아닙니다. 그 분은 절대적인 신입니다. 그런데도 불구하고 인간이 돼서 이 땅에 오셨습니다. 모든 것을 내려놓으신 것입니다.

예수님이 십자가에서 한 번이라도 내 것이라고 주장하신 것이 있습니까? 없습니다. 십자가에서 다 내려놓으셨습니다. 왜? 우리를 살리기 위해, 우리를 구원케 하기 위해 십자가에서 피를 흘리셨습니다.

그래서 십자가는 내려놓음입니다. 십자가를 보면서 내려놓지 않는다면 그에게 십자가는 하나의 나무 조각에 불과한 것입니다.

만약 예수님이 십자가에서 자기 자신을 내려놓지 않으셨다면 우리는 이 자리에 앉아서 은혜로 구원 받을 사람이 아무도 없을 것입니다. 의로 구원 받을 수 있는 사람이 얼마나 되겠습니까? 이 땅에 의인은 없다고 했습니다. "의인은 없나니 하나도 없으며**롬3:10**" 이것이 하나님의 은혜입니다.

본문을 통해 모세의 내려놓음을 보면서 우리는 무엇을 알 수 있습니까? 하나님이 우리에게 들려주고 싶은 것, 우리에게 깨닫게 하고 싶은 것은 무엇일까요? 다른 것이 아닙니다.

신앙은 내려놓음입니다. 무엇을 내려놓아야 할까요?
자기 자신을 내려놓고 시작해야 합니다.

그런데 신앙생활하면서 자기 자신은 내려놓은 것이 하나도 없다고 한다면 결코 신앙이 아닙니다. 나는 예수님을 믿고 내려놓은 것이 있는가 한 번 생각해보기를 바랍니다.

어떤 것을 여러분은 내려놓았습니까? 하나도 내려놓은 것이 없다면 내 삶 속에 큰 역사는 절대로 일어나지 않습니다. 일어날 수가 없습니다. 아직도 내 삶 속에 무엇인가 끝까지 움켜쥐고 내려놓지 못하고 있습니까? 그럼 이유는 무엇입니까?

우리는 비교를 합니다. 더 좋아 보이는 것을 잡으려고 합니다. 하지만 하나님은 내가 가지고 있는 것, 더 좋아 보이는 것을 내려놓고 더 낮은 것을 붙잡으라고 말씀하십니다. 어떻게 더 낮은 것을 붙잡을 수 있겠습니까?

모세를 한 번 보길 바랍니다. 왕궁생활이 좋습니까? 천민생활이 좋습니까? 여러분은 이러한 선택의 기로에서 내려놓을 수 있겠습니까? 그러나 만약 내려놓지 않으면 역사는 일어나지 않습니다.

> **TIP** 청중적용 부분 Part7 (모세시리즈 7편) 참조

냉정하게 보면 공주의 아들로 사는 것이 좋겠지만 모세는 공주의 아들로 사는 것보다 하나님의 백성으로 사는 것이 좋다고 말합니다. 하나님의 백성으로 고난 받는 것을 더 즐거워한다고 했습니다. 신앙은 내가 주님의 아들로서, 딸로서 살아가는 것입니다. 이것이 신앙이고, 신앙의 시작인 것입니다.

<u>신앙은 내 것을 내려놓고 하는 것입니다.</u>

<u>누구 앞에 내려놓아야 하나요?</u> 주님 앞에 내려놓고 신앙생활하라고 하면 여러분은 고민이 될 것입니다. 무엇을, 어떤 것을 내려놓아야 할까요? 신앙에 방해가 되는 것을 내려놓아야 합니다.

마약중독자는 마약을 내려놓아야 합니다. 마약중독자가 신앙생활한다는

게 얼마나 어려울까요? 조금만 불안하거나 초조하면 마약주사를 맞고 이 세상을 다 가진 것처럼 즐거워한다면 그건 잘못된 것입니다.

> **TIP**
> 마약중독자를 예로 든 것은 청중들에게 간접 적용을 시키기 위함이다. 만약 직접 적용을 하게 되면 부작용을 초래할 수 있다. 적용은 직접적용도 할 수 있고, 간접 적용도 할 수 있다. 그러나 간접으로 시작해서 직접으로 들어가는 것이 청중들이 받아들이기가 쉽다. 그래야 자연스럽게 '이것이 내 문제이구나!' 쉽게 받아들인다. (다윗과 나단 선지자의 경우)

다른 예를 들어본다면 스마트폰 게임중독도 있습니다. 사실 아이들이 게임에 중독되는 것은 이해할 수 있습니다. 그런데 어른들도 게임에 중독이 되어서 물어보니 "목사님은 TV에 중독 안됐나요? 9시 뉴스, 개그콘서트 이런 거에 중독되셨잖아요"라고 했습니다. 게임에 중독된 어른들도 TV 대신 그 시간에 스트레스를 해소하는 수단으로 즐기는 것뿐이라는 것입니다.

그래서 안 되겠다 생각하고 절제하기 시작했습니다. 차라리 그 시간에 기도하고 말씀을 읽고 자야겠다는 생각을 했습니다. 내려놓는다는 것입니다. 그런데 자기 습관을 내려놓는다는 것은 결코 쉬운 일이 아닙니다.

<내려놓음의 저자 이용규 선교사>에 대해 이야기해보고자 합니다. 그는 서울대학교를 나와 대학원까지 마치고 하버드에서 박사학위를 받았습니다. 그런데 어느 날 갑자기 그의 인생에 하나님이 나타나셨습니다. 그리고 선교지로 가라 명령하십니다. 그 말씀을 듣고 고민하고 갈등하기 시작했습니다. 지금까지 쌓아놓은 지식, 계획을 내려놓는다는 것은 쉬운 일이 아니었습니다. 그

러나 모든 것을 내려놓고 깨닫게 된 것이 있었습니다. 내가 움켜잡으면 없어지지만 내가 내려놓게 된다면 더 풍성하게 된다는 이 영적인 진리를 깨닫게 된 것입니다.

내려놓음은 포기가 아닙니다. 그 안에 영적인 비밀이 담겨져 있습니다. 많은 사람들은 내려놓으면 다 잃어버리고 끝난다고 생각하지만 더 풍성하게 준다는 것입니다.

이용규 선교사 책 중에 나와 있는 일화가 있습니다.
선교지에서 어린 자녀를 데리고 장난감 가게에 갔습니다. 아이의 눈이 휘둥그레지며 너무 좋아합니다. 그래서 장난감 하나를 주었습니다. 그리고 계산대에서 장난감 값을 지불하기 위해 아이가 움켜진 물건을 가져왔는데 아이가 난리가 난 것입니다. 울고불고 난리가 났습니다. 아버지는 장난감을 계산하기 위해 아이에게서 잠시 가져온 것인데 아이는 그것을 모르고 빼앗긴 줄만 알고 웁니다. 계산을 마치고 다시 아이에게 장난감을 주었습니다. 아이는 다시 기뻐합니다.

우리는 내 손에 있던 것이 떠나면 빼앗긴 줄 압니다. 다시는 돌아오지 않는다고 생각하기 때문에 절대로 놓지 않습니다. 어떻게든 움켜잡으려 할 때가 얼마나 많습니까? 이 아이처럼 우리는 모릅니다.

하나님이 내려놓으라고 할 때는 다 빼앗기는 줄 알고 '내가 손해야. 안 돼'라고 생각하지 말고 내려놓길 바랍니다. 축복은 내려놓았을 때 채워집니다.

우리 삶 속에서도 내려놓을 것들이 많이 있습니다. 고집도 내려놓을 때가 됐습니다.

> **TIP** 이제는 직접 적용으로 들어간다. 간접으로 청중에게 선 지식을 준 다음 직접 적용으로 들어가도 청중들은 쉽게 받아들인다.

고집이 신앙생활에 큰 방해가 되기도 합니다. 몇 십년동안 가지고 살아온 그 고집을 이제 조금 내려놓을 필요가 있습니다.

물질문제도 그렇습니다. 신앙생활 어느 정도 했으면 헌금생활에 인색하지 말아야 합니다. 내가 쓸 것 다쓰고 남은 것 갖고 하나님께 드리는 것이 아닙니다. 십일조 생활에 아깝다고 생각말고 내려놓길 바랍니다. 내려놓으면 채워지는 역사가 있습니다.

시간도 마찬가지입니다. 예배드리는 이 시간만큼은 내려놓아야 합니다. 예배하고 기도하고 전도하고 말씀 읽는 그 시간만큼은 정말 하나님 앞에 내려놓아야 합니다. 그러나 우리는 하루 동안 할 것 다하다가 시간이 조금 남으면 그 시간을 하나님께 드리려고 합니다.

그리스도인들이 제일 안 되는 것. 용서라는 부분도 내려놓기를 바랍니다. 용서 안하고 사는 분 많습니다. 평생 가슴 깊게 못이 박혀서 한을 품고 살아갑니다. 용서하는 순간에 무거운 짐을 내려놓게 되며 마음이 편해집니다.

내려놓음의 영적인 진리가 있습니다. 내려놔봐야 '아 하나님의 은혜가 이런 것이구나'라고 비로소 깨달을 수 있습니다. 움켜쥐고 있으면 절대로 하나님의 역사가 임하지 않습니다. 내려놓았을 때 깨달음이 오고 자유가 옵니다. 평강이 옵니다. 이것을 우리에게 선물로 주시는 것입니다.

비록 환경이 나쁘고 상황이 어렵다 할지라도 마음만큼은 내려놓으면 편안해 집니다.

모세가 공주의 아들로 살아간다는 것 얼마나 좋은 일이었겠습니까. 그러나 이것을 내려놓았을 때 평화, 자유가 찾아왔습니다.

모세는 참 어려운 결정을 했습니다. 왕자냐 노예냐 갈림길에서 그는 공주의 아들을 내려놓습니다. 그는 다 내려놓습니다. 어쩌면 모세는 내려놓고 싶지 않았을 것입니다. 그러나 40세에 자신에게 찾아온 하나님은 너무나 강력했습니다. 그리고 그 예수님이 너무 좋았습니다. 예수님을 몰랐을 때는 깨닫지 못했지만 성령이 그에게 임하기 시작했을 때 이집트 대권을 가슴에서 내려놓을 수 있었습니다.

하나님의 역사가 그 심령 가운데 일어나기 시작하니 화려한 궁전이 싫어졌습니다. 좋은 의상, 안락한 잠자리 모두 내려놓을 수 있었습니다. 왜? 하나님과 고난 받기를 더 즐거워한다는 고백이 나올 수 있었기 때문입니다.

우리는 어떻습니까? 하나님의 역사는 어디서부터 시작되는 것입니까? 내가 움켜쥔 것을 내려놓을 때 그때부터 하나님의 역사는 시작됩니다.

여러분은 자신이 무엇을 내려놓아야 하는지 스스로 더 잘 알고 있을 것니다. 하나님도 알고 계십니다. 그것을 내려놓고 신앙생활할 때 가장 평안합니다. 하나님 앞에 섰을 때 무언가를 주장하고 요구하기보다 하나님 앞에 내 자신을 내려놓고 신앙생활함으로써 진정한 자유와 기쁨을 누릴 수 있기를 기원합니다.

설교의 메인 아이템 워드

(설교를 끌고 갈 수 있는 전체적인 한 단어)

PART 4

Part 4.
설교의 메인 아이템 워드
(설교를 끌고 갈 수 있는 전체적인 한 단어)

메인 아이템 워드Main Item Word, MIW는 무엇인가? 설교 전체를 끌고 갈 수 있는 중심이 되는 한 단어, 핵심단어를 말한다. 설교 중 어떤 단어 하나가 그 설교의 전체 그림을 보여준다. 더 쉽게 설명한다면 관점이라고 할 수 있다.

성경본문을 어떤 관점으로 보았다고 한다면 그 관점을 대표하는 한 단어로 설교를 만들어간다. 모세시리즈 2편에서도 잠깐 소개했듯이 관점을 '갈대 상자'로 보고 이 한 단어(메인 아이템 워드)로 설교를 만들었다.

예를 들어, 모세시리즈 2편에는 무엇이 관점이었는가?
만약 '강물'이 MIW라면 어떻게 구성이 되는가?

아이를 '강물'에 던져야만 한다.
'강물'에 던지지 않았기에 군사들의 위협을 느꼈다.

'강물'에 던져야하기에 가족회의를 했다.

'강물'에 던질 수밖에 없는 상황 속에 모세 어머니는 괴로워했다.

'강물'에 던져야 하기에 갈대 상자를 만들 수밖에 없었다.

'강물'에 던지는 어머니의 아픔을 알기에 하나님은 '강물'에 던진 아이를 건져내었다.

'강물'에서 건져져 이집트 왕자가 되었고 '강물'에 던져진 아이는 엄마 품에 다시 돌아 왔다.

MIW를 '갈대상자'로 본다면 어떻게 구성되는가?

엄마는 '갈대 상자'를 만들고 싶지 않았다.

그때 모든 사람들은 '갈대 상자'를 만들었다.

'갈대 상자'를 만들기 싫어했던 이유는 아이의 관이었기 때문이다.

'갈대 상자'를 가족들은 만들자고 한다.

'갈대 상자'를 이제는 던져야 한다.

'갈대 상자'만 보면 어머니는 괴롭다.

'갈대 상자'를 던져 놓고 얼마나 하나님을 원망했는가?

'갈대 상자'는 악어밥이 된다고 생각했지만

'갈대 상자'를 하나님은 바로 공주 앞으로 갖다 놓았다.

'갈대 상자'는 하나님의 계획에 의해서 이집트 왕자가 되었고.

다시 '갈대 상자'는 엄마 품에 돌아왔다.

그렇다면 관점으로 보았던 그 단어가 설교의 문제가 되고 하나님의 해결 단어가 되고 적용이 되며 또한 복으로 이어지는 결과까지 만들어낸다.

모세시리즈 4편은 출애굽기 4장 1~9절 말씀으로 준비하고자 한다.

1. 모세가 대답하여 이르되 그러나 그들이 나를 믿지 아니하며 내 말을 듣지 아니하고 이르기를 여호와께서 네게 나타나지 아니하셨다 하리이다
2. 여호와께서 그에게 이르시되 네 손에 있는 것이 무엇이냐 그가 이르되 지팡이니이다
3. 여호와께서 이르시되 그것을 땅에 던지라 하시매 곧 땅에 던지니 그것이 뱀이 된지라 모세가 뱀 앞에서 피하매
4. 여호와께서 모세에게 이르시되 네 손을 내밀어 그 꼬리를 잡으라 그가 손을 내밀어 그것을 잡으니 그의 손에서 지팡이가 된지라
5. 이는 그들에게 그들의 조상의 하나님 곧 아브라함의 하나님, 이삭의 하나님, 야곱의 하나님 여호와가 네게 나타난 줄을 믿게 하려 함이라 하시고
6. 여호와께서 또 그에게 이르시되 네 손을 품에 넣으라 하시매 그가 손을 품에 넣었다가 내어보니 그의 손에 나병이 생겨 눈

같이 될지라

7. 이르시되 네 손을 다시 품에 넣으라 하시매 그가 다시 손을 품에 넣었다가 내어보니 그의 손이 본래의 살로 되돌아왔더라

8. 여호와께서 이르시되 만일 그들이 너를 믿지 아니하며 그 처음 표적의 표징을 받지 아니하여도 나중 표적의 표징은 믿으리라

9. 그들이 이 두 이적을 믿지 아니하며 네 말을 듣지 아니하거든 너는 나일 강 물을 조금 떠다가 땅에 부으라 네가 떠온 나일 강 물이 땅에서 피가 되리라

모세시리즈 4편에서 MIW는 무엇이 될 수 있을까? '잡아라'가 핵심단어다.

하나님은 모세의 인생가운데 나타나셔서 이집트로 가라고 하신다.
그것은 내 백성을 잡아서 가나안까지 가라는 하나님의 원대한 명령이다.
왜냐하면 이스라엘 백성들은 지금 누구에게 잡혀있는가? 바로 왕에게 잡혀있었다.
그 바로 왕에게 잡힌 내 백성을 이제는 모세가 잡고 이집트에서 나올 것을 말씀하고 있다.
그러나 모세는 잡을 수가 없다고 한다. 내가 어떻게 잡냐고 불평한다.
그들에게 내가 가서 잡는다고 한다면 그들이 뭐라고 하겠냐고 한다.
모세는 잡아야 하는데 잡지 않겠다고 하니까 하나님이 그에게 무엇을 보

여주셨는가? 불뱀이다.

"지팡이를 던져라!"

모세가 지팡이를 던질 때 불뱀으로 변한다.

다시 쉿쉿 거리며 혀를 날름날름 거리는 뱀의 머리가 아닌 꼬리를 잡으라고 한다.

"잡아라!"

뱀의 머리를 잡는 것은 쉽다. 그러나 꼬리를 잡았다가는 죽을 수 있다. 만약 불뱀이 길게 뻗어있는 것이 아닌 돌돌 말아서 꽈리를 틀고 있다면 잡을 수가 있는가? 못 잡는다.

그러나 그는 잡는다. 뱀의 꼬리를 잡았다. 그리고 순간 지팡이로 변한다.

모세는 뱀의 꼬리를 잡은 것 같지만 사실 바로의 왕권을 잡은 것이다.

그가 잡을 때 하나님의 능력을 경험하게 된다.

여기서 잘 이해보자! MIW가 문제가 되었고, MIW가 해결이 되었고, MIW가 축복이 되었다.

MIW가 청중의 문제가 되었고, MIW가 청중의 문제를 해결했으며 MIW가 청중들에게 결단이 되었다. 그래서 MIW가 중요하다. 왜냐하면 설교 전체를 이끌고 갈 수 있는 핵심적인 단어이기 때문이다.

MIW는 모세시리즈 4편만 구성이 된 것이 아니라 모세시리즈 전반적으로 보여주고 있기 때문에 설교의 흐름, 설교의 구성 전체가 MIW로 되어있다고 보면 이해하기 쉬울 것 같다. MIW란 설교를 끌고 갈 수 있는 핵심 단어를 말한다.

출애굽기 4장 1~9절

5. 이는 그들에게 그들의 조상의 하나님 곧 아브라함의 하나님, 이삭의 하나님, 야곱의 하나님 여호와가 네게 나타난 줄을 믿게 하려 함이라 하시고

6. 여호와께서 또 그에게 이르시되 네 손을 품에 넣으라 하시매 그가 손을 품에 넣었다가 내어보니 그의 손에 나병이 생겨 눈 같이 된지라

7. 이르시되 네 손을 다시 품에 넣으라 하시매 그가 다시 손을 품에 넣었다가 내어보니 그의 손이 본래의 살로 되돌아왔더라

8. 여호와께서 이르시되 만일 그들이 너를 믿지 아니하며 그 처음 표적의 표징을 받지 아니하여도 나중 표적의 표징은 믿으리라

9. 그들이 이 두 이적을 믿지 아니하며 네 말을 듣지 아니하거든 너는 나일 강 물을 조금 떠다가 땅에 부으라 네가 떠온 나일 강 물이 땅에서 피가 되리라

무엇을 잡을 것인가?

모세 시리즈 4

PW: 순종
MIW: 잡아라

우리는 살아가면서 때때로 자기를 점검해보는 시간들이 필요합니다. 왜냐하면 우리를 돌아볼 때 나를 발견할 수 있고 발전시킬 수 있기 때문입니다. 나를 성장하게 할 수 있는 비결은 나를 돌아볼 때 가능합니다. 앞만 보고 달리는 것도 굉장히 중요하지만 때때로 나를 돌아보고 발견하는 것도 우리에게는 굉장히 중요합니다. 그래서 때로는 자기점검이 필요합니다.

(예화 _ 게으른 의사)

어떤 게으른 의사가 한 명 있었습니다. 갑자기 옆 동네에 급한 환자가 생겨 왕진가방을 들고 막 뛰어갔습니다.

의사가 아픈 환자의 방으로 들어가고 난 몇 분 뒤에 "송곳 하나만 갖다 주세요"라고 외쳤습니다. 그래서 송곳을 가져다주었습니다.

그런데 조금 있다가 "집게 갖다 주세요"라고 소리를 질렀습니다. 그래서 또 집게를 가져다주었습니다.

남편은 화가 나기 시작했습니다.

'아니 무슨 의사가 송곳을 달라고 하고, 집게를 달라고 하나.'

'내 아내를 송곳으로 찌르고 집게로 벌리나? 수술을 그렇게 하나?'

그런데 조금 있다가 또 들리는 말이 "끌과 망치 주세요"라는 것입니다.

이제는 더 이상 못 참겠다 싶어서 "무슨 의사가 망치와 끌을 달라 그래" 하고 확 뛰어 들어갔습니다. 그리고 의사를 향해 "도대체 지금 뭐하시는 거예요!"라고 소리를 질렀습니다.

그런데 의사가 뭐라고 이야기했을까요? 어이없게도 "왕진가방이 안 열려서요"라고 말하는 것입니다. 왕진가방을 열어야 환자를 치료할 수 있는데 안 열렸던 것입니다. 평소에 왕진가방을 열고 닫고 점검만 했더라도 아픈 환자를 두고 이런 실수를 하지 않을 텐데 말입니다.

우리도 기도의 왕진가방을 잘 점검하길 바랍니다. 기도의 가방을 잘 점검하지 않으면 위급한 상황이 찾아올 때 당황할 수 있습니다. 평소에 기도가방을 잘 점검할 때 우리 삶에 능력이 나타납니다. 여호수아가 가나안에 들어가 미디안 군사와 전쟁을 할 때 외친 한마디는 "해와 달아 멈추어라수10:12" 이었습니다.

이 외마디 기도로 해와 달이 멈추어지는 놀라운 역사가 있었듯이 여러분도 평소에 기도가방을 잘 챙겨둔다면 우리 삶에도 놀라운 역사가 나타날 것입니다. 우리 모두에게 주신 이 특권을 잘 사용하길 바랍니다.

하나님이 모세의 인생 가운데 두 번째 나타나셔서 그에게 미션을 주십니다. "이집트로 가서 내 백성을 잡아라."

이스라엘 백성을 잡아야 하는 이유가 무엇일까요? 단 한 가지였습니다.

하나님이 모세에게 말씀하십니다. "내 백성이 지금 신음하고 있다." "내 백성이 고통당하고 있다" "학대를 당하고 고통 받아 울부짖는 그 신음소리가 내게 들리니 네가 가서 이집트 손에 잡혀있는 민족들을 데리고 나와라" 미션을 주셨습니다.

어떻게 보면 대단한 일을 모세에게 맡겨주신 것입니다. 그런데 이 말에 모세의 반응은 어떠했을까요? "너무 좋아요. 내가 잡고 나오겠습니다. 할렐루야!" 이랬을까요? 아닙니다.

"싫어요. 못 합니다"라고 말합니다. "왜 내가 가서 잡아야 합니까?"라고 반항합니다.

하나님이 이집트로 내려가라고 하면 가야 되는데도 불구하고 모세는 가지 않겠다고 버티고 있습니다. 그리고 "그들이 내 말을 안 믿을 것입니다. 내 말을 듣지 않을 텐데 내가 어떻게 잡을 수가 있습니까?" 주장합니다.

그러자 하나님께서는 "내가 보냈다고 해라!" 말씀하십니다.

그러나 모세는 "그래도 안 믿으면 어떻게 합니까?" 반문합니다.

모세가 지금 왜 그럴까요? 까탈스럽게 하는 이유가 무엇인가요? 모세 나름대로 충분한 이유가 있었습니다.

40년 전 하나님이 자신에게 계획했던 일들이 있었습니다. 그것은 민족구원이라는 원대한 계획이었습니다. 그가 이집트 왕궁에서 왕자로 살아가고 있을 그때에 하나님이 전격적으로 나타나셔서 하나님의 은혜를 부어주셨습니다. 성령이 강하게 임재했습니다. 하나님의 성령을 받고 보니 하나님의 계획이 무엇인지 하나님의 뜻이 무엇인지 깨닫게 됐습니다. 하나님의 계획과 뜻은 히브리 민족을 구원하는 것이었습니다.

이 뜻을 알고 그가 왕자로 있을 때 어떻게든지 이스라엘 백성을 한 번 구원해보고자 나섰습니다. 그런데 백성들이 모세를 믿어주지 않았습니다. 히브리 백성의 편에 서서 그들을 어떻게든 감싸고 그 민족을 잡아서 자기 품에 넣고 어떻게 한 번 해보려 했지만 보기 좋게 실패로 끝납니다. 어떻게 된 일일까요?

하나님께서 원하셨던 일이고 행하시고자 했던 일인데 완전히 실패로 끝나고 말았습니다. 그런데 기막힌 사실은 히브리 백성이 모세를 고발한 것입니다. 모세는 히브리 백성을 위해서 이집트 군인을 죽였는데 히브리 백성은 그를 고소한 것입니다. 어쩔 수 없이 왕자의 모든 것을 내려놓고 모세는 미디안 광야로 도망쳤습니다.

그리고 모세의 나이 80세가 되자 하나님이 찾아오셔서 40여 년 전에 주셨던 그 미션 "이집트 백성을 네가 가서 구원해라" 말씀하십니다.

모세 마음에는 '아니 왜 지금 보내는 거야'라는 상처가 그의 마음에 자리 잡고 있었습니다. 그리고 그 상처로 지금 못 간다고 이야기하고 있습니다.

'내 나이 80세에 지금 가서 무엇을 잡을 수 있겠습니까? 자신도 없습니다. 용기도 없습니다. 힘도 없습니다. 날 보내시려고 했다면 진즉에 한 살이라도 더 젊을 때 보내주셔야죠? 지금에 와서 날 가라고 한다면 어떻게 갈 수 있으며 또 간다고 해도 그들이 날 믿어주겠습니까? 왕자였을 때도 날 믿지 않았는데 지금에 와서 그들이 나를 믿을까요?'

모세는 마음의 상처도 깊었습니다. 못 가는 이유를 구체적으로 핑계 되고 있습니다.

그때 하나님이 "내 손에 든 것이 무엇이냐" 말씀하십니다. 모세가 "지팡이입니다"라고 하니 "던져라"하고 말씀하십니다. 그리고 모세가 지팡이를 던지니 뱀이 됐습니다.

이 뱀은 다른 뱀과 다릅니다. 맹독을 가진 독사였습니다. 미디안 광야에서 40년 동안 뱀을 봐왔지만 이 뱀은 독성이 아주 강하고 무서운 것이었습니다. 이 뱀에 물리면 10분 안에 즉사할 수도 있습니다.

그런 독성을 가진 뱀을 보니 모세가 깜짝 놀랐다고 본문 3절에 나와 있습니다. "땅에 던지니 그것이 뱀이 된지라 모세가 뱀 앞에 피하매" 즉시 피하기 시작했습니다. 그런데 하나님이 말씀하십니다.

"모세야! 뱀의 꼬리를 잡아라!"

정말 황당합니다. 뱀의 머리를 잡으라고 하면 이해가 되지만 꼬리를 잡는다는 것은 '물려죽어라' 하는 것과 같습니다.

뱀이 일직선으로 쭉 피고 있는 것도 아니고 상대를 공격하려고 똬리를 틀고 앉아있다면 어떻게 꼬리를 잡을 수 있습니까?

> **TIP**
> 뱀이 쉬쉬거리며 꽈리를 틀고 맹독을 뿜어내려고 준비하는 상황에서 모세가 뱀의 꼬리를 잡는다는 것은 불가능하다는 것을 설교자는 이미지로 그림 그리듯이 생동감 있게 설교해야 한다. 그래야 풍부한 표현력이 나올 것이다.

그리고 꼬리를 잡으려면 상체를 엎드려서 잡아야 하는데 뱀은 머리를 쳐들고 모세를 노려보고 있습니다. 이런 상황에서 하나님은 말씀하십니다.

"괜찮다! 잡아라! 안 죽는다."

뱀에게 물린다는 것을 알면서도 뱀의 꼬리를 잡는다는 것, 정말 힘든 일입니다.

두 번째 역시 하나님이 말씀하십니다.

"네 손을 가슴 품에 넣어라!"

모세는 아무생각 없이 손을 가슴에 넣었습니다.

"꺼내라!"

꺼내보니 끔찍한 손이 되었습니다. 손에 문둥병이 확 퍼져 있었습니다. 정말 보기조차 싫었습니다. 그때 하나님이 "다시 품에 넣어라!" 말씀하십니다.

흉측한 손, 보기조차 싫은 손을 다시 품에 넣는 것은 절대로 쉬운 일이 아닙니다.

"모세야! 괜찮다. 다시 품에 넣어라!"

뱀의 꼬리를 잡는 것도, 품에 넣는 것도 모두 가능한 일은 아닙니다.

이 모든 명령은 절대 쉽게 할 수 없는 것이었습니다.

신앙생활하면서 우리의 모습을 한 번 생각해 보길 바랍니다. 뱀이나 문둥병이 아니더라도 사람이 생각하기에 가능성 없어 보이는 일들을 하나님이 잡으라고 요구하실 때가 있습니다. 절대적으로 불가능한 일들을 요구하실 때 우리는 쉽게 잡을 수가 없습니다. 그리고 우리는 가능성이 없다고 단정 짓는 것들은 절대로 잡지 않습니다.

그러면 하나님은 왜 우리에게 가능성 없어 보이는 것을 잡으라고 하는 것일까요?

그 이유는 내가 불가능한 것을 잡을 때 가능하게 해주겠다는 조건 속에서 우리에게 잡으라고 한 것입니다.

그런데 우리는 잡지 못한다고 합니다. 확률이 없기 때문입니다. 불가능하다고 단정했기 때문입니다. 그러나 하나님께서는 어떠한 상황이라 할지라도 잡으라고 할 때는 이미 "내가 그렇게 해 주겠다"는 강한 약속과 의지와 책임을 가지고 잡으라고 하신 것입니다.

그러면 잡는 것과 못 잡는 것의 차이는 무엇일까요? 바로 <u>순종</u>입니다.

하나님이 "이 뱀을 잡아라. 그리고 꼬리를 잡아라" 말씀하셨을 때, 모세는 죽을 각오로 잡은 것입니다. 또 문둥병에 걸린 손을 내 가슴에 다시 넣었을 때는 온 몸에 문둥병이 퍼지는 것을 각오하는 상황 속에서 다시 집어넣은 것입니다. 죽을 각오와 결단 속에서 하나님의 역사는 시작됐다는 것입니다.

하나님은 '네 인생 가운데 내가 역사를 해 보겠다', '네 인생 가운데 내가 역사를 주관하겠다', '네 인생 속에서 내가 너를 보여주겠다' 말씀하십니다.

　이러한 약속을 우리에게 주시며 잡으라고 하지만 우리는 잡지 못합니다. 그러나 하나님은 우리에게 잡을 수 있는 것들을 잡으라고 말씀하십니다. 그때 우리의 인생 속에 하나님의 역사가 시작되는 것입니다.

　하나님의 역사는 하나님이 '잡으라' 명하실 때 순종하고 잡았을 때 일어나는 것입니다.

　하나님께서 '잡으라' 요구하실 때 분명히 잡을 수 있길 바랍니다.

　뱀에게 물리게 될 것 같지만 하나님은 절대로 물리지 않게 해 주시기 때문입니다.

　그래서 모세가 꼬리를 잡고 보니 다시 지팡이로 변했고, 더럽고 냄새나는 문둥병 걸린 손을 다시 넣었다가 꺼냈을 때는 깨끗하고 어린 아이와 같은 피부로 변했습니다.

　그럼 하나님은 왜 이렇게 하셨을까요? 모세가 믿지 않고 자꾸 변명을 늘어놓기 때문에 하나님께서 직접 보여주신 것입니다.

　하나님이 "모세야 네가 가라" 하니 모세가 말하기를 "하나님, 누가 보냈다고 할까요?" 묻습니다. 그러자 하나님은 "내가 보냈다고 해라" 말씀하십니다.

　모세가 다시 묻습니다. "그럼 하나님 이름이 무엇입니까?"

　"스스로 있는 자다."

　하나님은 누구의 존재에 의해서 움직이는 분이 아닙니다. 스스로 존재하시는 분입니다.

하나님은 "이 말을 전해라. 그리하면 그들은 네 말을 들을 것이다" 하셨습니다. 그리고 "내가 너희들의 고통을 들었고, 학대당하는 것을 보았으며, 신음하는 소리를 들었다 말하라"고 하십니다.

이 말의 뜻은 너희 히브리 백성들이 당하는 고통을 내가 잡고, 학대당함도 내가 잡고, 신음소리도 내가 잡아 해결해 주시겠다는 말씀입니다.

하나님은 모든 것을 알고 계시고 듣고 계신다는 말입니다. '이제 그것 때문에 너를 여기 보냈다고 그렇게 이야기해라', '이집트에서 꺼내겠다'는 하나님의 강한 의지를 모세를 통해서 나타내신 것입니다.

그러면서 하나님께서 말씀하시기를 "내가 너와 함께하겠다. 너는 가라" 하신 것입니다.

그런데 모세는 이 하나님의 말씀도 거부합니다. 자기주장만 계속 세웁니다. 그래서 하나님은 다시 모세를 설득하기 시작합니다.

"네 손에 든 것이 무엇이냐."

모세가 대답합니다. "지팡이입니다."

하나님이 이것을 통해 다시 한 번 그를 깨닫게 합니다.

"네 손을 가슴에 넣었다가 꺼내봐라."

모세가 대답합니다. "문둥병입니다."

그리고 하나님이 "이런 기적을 그들에게 가서 보여주어라", "이 두 가지 기적이면 충분히 그들이 너를 받아줄 것이다" 말씀하십니다.

이것은 과연 무슨 훈련을 시키시는 것일까요? 뱀이 나왔다고 하는 것은 무엇일까요?

<u>뱀을 잡는다는 것은 바로의 왕권을 잡는 것과 같습니다.</u> 이집트 왕의 상징은 뱀이기 때문입니다. 결국 뱀을 잡는 훈련은 모세가 이집트 왕권을 잡고 흔드는 훈련이기도 합니다.

뱀을 잡는 것이 얼마나 두려운 일입니까. 그러나 이러한 훈련을 통해 모세가 담대하게 바로와 싸울 수 있도록, 바로를 잡을 수 있도록 한 것입니다.

그리고 "손을 넣어라" 하신 것은 두려움의 극복이기도 합니다. 어떤 환경적 어려움 속에서도 이스라엘 백성들을 이끌고 나갈 때 두려워하지 말라는 것입니다. "내가 하겠다"는 하나님의 의지가 숨겨져 있었습니다.

바로의 왕권을 손에 잡고, 하나님의 은혜를 가슴에 품고 하나님 앞에 나아갈 때 하나님은 어떤 것이든지, 무엇이든지 네가 하는 모든 일을 내가 행해주겠다 말씀하시는 것입니다.

따라서 모세는 잡아야 살고, 넣어야 살 수 있습니다.

우리 예수님이 이 땅에 오실 때를 생각해보길 바랍니다. 예수님이 십자가에 매달리신 것을 우리는 너무나 잘 알고 있습니다. 고통과 신음 속에서 굉장히 견디기 어려우셨을 것입니다. 그러나 예수님께서 십자가를 끝까지 붙들고 계셨습니다. 예수님이 십자가를 붙들지 않으셨더라면 우리에게는 구원이 없습니다.

그 어떤 고통에서도 끝까지 잡고 계신 분이 예수님이셨습니다. 주님이 그 십자가를 붙듦으로써 온 인류의 소망이 되셨습니다. 구원의 역사를 만드셨습니다. 우리에게 구원의 등불이 되신 것입니다.

그래서 하나님이 말씀하십니다.

"오늘도 예수를 믿는 자마다 멸망치 않고 영생을 주기 위함이다."

이것이 선물입니다.

그러면 모세의 이러한 모습을 보면서 우리 삶에 구체적으로 적용해 보고자 합니다.

순종이 무엇입니까? 순종은 잡는 것입니다.

어떻게 순종을 잡을 수 있을까요? 뱀이 된 지팡이를 잡아보는 것입니다. 꼬리를 잡는 것입니다. 절대 쉬운 일은 아닙니다. 하지만 순종하면 잡을 수 있습니다. 그리고 넣는 것입니다.

만약 모세가 순종하지 않았더라면 모세의 사명은 거기서 끝난 것입니다. 그러나 모세는 순종함으로 손을 뻗었습니다. 이것은 순종할 때만 가능한 것입니다. 내가 순종을 하려고 마음먹었을 때 그 뱀이 두렵지만 하나님의 말씀이 임했기에 그 순간 담대함으로 무섭지 않았습니다. 문둥병도 이와 같습니다.

그렇다면 순종은 무엇일까요? 만약 상식적으로 이해가 돼서 순종한다면 그것은 순종이 아닙니다. 순종은 상식적으로 이해되지 않은 것을 요구할 때가 많습니다. 우리가 환경을 보고 순종했다면 그것도 마찬가지로 순종이 아니다.

　이해가 되고 환경적으로 맞기에 순종을 했습니까? 그것은 순종이 아닙니다. 그러면 무엇이 순종입니까? 환경과 이해를 뛰어넘어서 하는 행동이 순종인 것입니다. 순종은 상식적으로 할 수 없습니다. 오직 말씀대로 "잡아라!" 할 때 잡아야 하고, "넣어라!" 할 때 넣어야 하는 것입니다.

　순종은 계산하지 않아야 합니다. 순종을 계산하면 절대로 순종이 되지 않습니다. 그런데 우리는 순종할 때 늘 계산합니다. 순종을 계산하면 아무도 잡을 자가 없습니다. 계산대로 하면 순종은 이치에 맞지 않습니다. 그래서 순종은 마음의 결단이 중요합니다. 시작이 반이라는 말처럼 '해야지' 마음먹으면 하나님의 역사가 나타납니다.

　많은 사람들이 순종을 못하는 이유가 있습니다. 계산하게 되면 언제든지 답은 나옵니다. 모세가 뱀을 잡았을 때 물려야 정상임에도 불구하고, 손을 넣었을 때 온 몸이 문둥병에 걸려야 정상임에도 불구하고 그렇게 되지 않았습니다.

　모세의 순종에는 계산이 들어가지 않았습니다. 순종은 무엇입니까? 잡는 것입니다. 잡을 수 없는 것을 잡는 것이 순종입니다. 그러면 우리는 무엇을 잡아야 할까요? 우리는 절대로 사단이 좋아하는 것을 잡아서는 안 됩니다.

　순종은 자전거 타기와 같습니다. 자전거는 페달을 끊임없이 밟지 않으면 넘어지게 되어 있습니다. 계속 밟아줘야 합니다. 만약 머뭇머뭇 거리면 넘어지게 되어 있습니다. 순종도 머뭇거리게 되면 반드시 시험이 오게 되어 있습니다.

그렇다면 어떻게 해야 하나요? 자전거를 탈 때 끊임없이 페달을 밟아줘야 속도가 붙어 달려갈 수 있듯이 순종도 마찬가지입니다.

우리는 살아가면서 잡을 것들이 많이 있습니다. 어떠한 것들을 잡고 싶나요? 저 역시 잡고 싶은 것들이 많습니다. 그러나 우리는 그것을 다 잡아서는 안 됩니다.

잡을 수 있는 게 있고 잡지 못하는 것들이 있습니다. 우리 삶에 잡을 수 있는 것들은 무엇이 있을까요? 학업, 승진, 취업, 치유 등이 있을 것입니다. 또 내 속에 넣고 싶은 것들도 있을 것입니다. 무엇을 넣을 수 있을까요? 사업, 명예, 물질 이런 것들을 넣고 싶을 것입니다.

그러면 우리 가운데는 무엇을 잡고 무엇을 넣는 것이 올바른 것일까요? 중요한 것은 하나님이 잡으라고 하는 것만 잡기를 바랍니다.

잡아야 살 수 있습니다. 왜냐하면 잡지 않으면 계속 도망가게 되어 있기 때문입니다. 늘 쫓기는 삶을 살 수밖에 없습니다. 따라서 과감하게 결단하는 순간 하나님의 은혜가 주어지는 것입니다.

모세는 하나님께서 잡으라는 것을 잡고 살았습니다. 은혜를 경험했습니다. 잡는 순간 모세는 지도자라는 이름으로 태어났습니다.

잡지 않았다면 그는 지도자가 될 수 없습니다. 민족의 영웅, 강력한 지도자가 될 수 없습니다. 그가 언제부터 강력한 지도자가 되었습니까? 순종하는 그 순간부터 역사가 시작됐습니다.

우리가 잡아야 할 유일한 한 가지는 바로 주님을 잡는 것입니다. 수많은 문제 속에서 헛것을 잡지 말고, 허수아비를 잡지 말고, 실질적인 본질을 붙잡길 바랍니다. 쓸데없는 것 붙잡고 계속 고민하지 말고 생명 되시는 예수님을 붙들길 바랍니다.

왜냐하면 하나님은 능력자이시고, 해결자이시기 때문입니다. 하나님은 불가능을 가능케 하시는 분입니다. 내게 임한 두려움을 잡아서 해결하기를 바랍니다.

잡고 못 잡는 차이는 무엇입니까? 순종과 불순종의 차이입니다. 모세 나이 80세에 하나님 앞에 쓰임 받습니다. 그가 리더로서 이제 인정받기 시작합니다. 지팡이를 잡았다는 것은 그가 그만큼 권력을 가졌다는 것과 같습니다. 그것은 하나님이 주신 능력입니다. 하나님의 은혜를 모세는 가슴에 넣었습니다. 그래서 바로 왕을 만났을 때 그 능력이 가슴에서 나오고 이 모든 능력은 순종으로 시작했다는 것입니다.

우리도 순종하면 복을 받습니다. 순종의 결과는 항상 축복으로 마감 짓는다는 것을 기억하길 바랍니다. 하나님이 잡으라고 하면 잡길 바랍니다. 던지라고 하면 던지길 바랍니다. 꺼내라고 하면 꺼내길 바랍니다. 그러면 그때부터 우리 인생의 길이 열릴 줄 믿길 바랍니다.

순종은 우리 인생에서 가장 중요한 선택입니다. 이 선택을 잃어버리지 말고, 하나님이 어떤 것을 싫어하고 어떤 것을 좋아할까 생각해야 합니다. 그래서 하나님이 싫어하는 것은 내려놓고, 하나님이 좋아하는 것을 붙잡고 나아가길 바랍니다.

하나님은 순종을 좋아합니다. 불순종을 아주 싫어합니다. 불순종하면서 내게 축복이 임하기를 원한다는 생각은 지워버려야 합니다. 항상 복은 순종을 통해서 임한다는 것을 기억해야 합니다.

결론 맺습니다. 모세의 모습을 생각해봅니다. 잡을 것이 있고 못 잡을 것이 있다는 것 압니다. 넣어야 될 것이 있고 넣지 말아야 될 것을 압니다. 그러나 모세는 계산하지 않았습니다. 순종 하나 가지고 뱀을 잡았고, 순종 하나로 가슴에 손을 넣었습니다. 잡았을 때 지팡이가 되었고 넣었더니 깨끗한 손이 되었습니다. 이러한 기쁨은 이 세상에 어떤 기쁨과 비교할 수 없습니다.

더럽고 추악하고 흉측한 손이지만 다시 꺼내보니 깨끗한 손으로 변화되었을 때 그 희열을 생각해 보길 바랍니다. 하나님의 놀라운 능력이 심령가운데 막 솟구쳐 올라옵니다. 하나님은 "모세야 지팡이 갖고도 안 되고 네가 문둥병을 가진 손 가지고도 안 된다면 나일강의 강물을 떠다가 땅에 쏟아봐라. 피가 될 것이다. 다 네 말을 믿을 것이다. 이제는 나를 좀 믿어보렴" 말씀하시며 순종을 요구했습니다.

지팡이는 하나님이 주신 권위의 지팡이입니다. 순종을 통해 받을 수가 있었습니다. 그냥 주어진 것이 아닙니다. 순종에는 대가가 있습니다. 그 대가는 죽을 각오로 뱀의 꼬리를 잡았기 때문입니다. 문둥병 걸린 손도 마찬가지입니다.

순종은 누구나 잡을 수 있습니다. 하나님이 "잡으라" 하실 때 잡으면 됩니다. 어떤 상황과 결정 속에서 순종을 만든 결과는 반드시 우리에게 복이 된다는 것을 기억하길 바랍니다. 이러한 복을 모세만 받는 것이 아니라 우리도 순종해서 더 큰 하나님의 축복을 받길 소망합니다.

설교의 시작은? 마음 열기

PART 5

Part 5.
설교의 시작은?
마음 열기

설교를 시작할 때 가능하면 청중들에게 무겁게 시작하는 것보다 유머나 교회에서 즐거웠던 일, 또는 어떤 성도가 축복 받았던 것으로 시작하면 좋다. 설교의 첫마디에 성도들은 긴장하고 있기 때문이다. 어떤 강의나 강연에서도 가벼운 멘트로 시작한다면 청중들은 마음을 열 수 있다.

청중들은 지금 설교를 들을 준비가 안 된 사람들도 있다. 물론 설교자의 교회 성도들의 수준이 즉 청중레벨이 높다고 한다면 다행이지만 만약 청중레벨이 낮다면 설교자의 첫 마디가 중요하다.

S교회에서는 설교 전에 늘 "오늘은 참으로 좋은 날입니다"라는 멘트를 한다.

J교회에서는 "당신은 두고 보기에도 아까운 사람입니다"라고 첫 마디를 한다.

이런 유형의 멘트가 청중들의 마음을 열게 한다.

설교자는 설교 첫마디에 사랑을 담고 말해야 한다. 가능하면 뜨거운 사랑의 메시지가 있어야 한다.

"하나님은 살아계십니다. 여러분을 만나주시고 복을 주십니다."

이러한 따스하고 확실한 축복의 메시지로 시작해야 한다. 오늘 예배에 참석한 성도 중에는 가슴에 상처를 안고 있는 자도 있다. 이때 따스한 한마디의 말로 설교를 시작한다면 그 성도에게 큰 위로의 시작이자, 가슴 벅찬 시작이 될 수 있다.

주의해야 할 점이 있다면 '마음 열기'를 시작하면서 얼굴 표정도 밝게 해야 한다는 것이다. 인상 쓰고 있다면 아무리 좋은 소리를 해도 마음에 와 닿지 않는다. 여기에 어떠한 제스쳐나 손동작을 함께 하면 좋다. 또 첫마디가 부담스러운 말을 해서는 안 된다. 사람들은 위로 받고 싶어 하기 때문이다. 부정적인 말을 해도 안 된다. 확신 있는 살아있는 말로 해야 한다. 설교의 시작은 따뜻한 한마디로 청중의 마음을 열고 시작해야 한다. 마음이 따뜻하고 사랑이 넘치는 이야기로 해야 한다.

이것이 어렵다면 유머로 시작하는 것이 베스트다. 시작이 또한 과도하게 화려한 것보다 간략하면 좋다.

어떤 미국교회는 설교 시작 전 여러 명을 찾아가면서 인사를 하는 경우도 있다. 악수나 허그, 가벼운 인사로 시작한다. 이런 행동 역시 청중의 마음을 열기 위함이다. 물론 미국의 보수교단에서는 보기 힘들다.

어떤 목사는 성도가 늦게 오자 설교를 시작하면서 "아무개는 늦게 온 이유가 뭐냐?"고 질문한다. 그리고 "다음부터 일찍 와라!"라고 말하는 경우가 있는데 이렇게 되면 모두의 분위기는 어두워진다. 그 성도는 나름대로 늦게 온 이유가 있을 것이다.

목사에 대해 비방하는 말도 삼가 해야 한다. 만약 목사에 대한 부정적 시각의 이야기를 한다면 성도들은 목사를 존경하지 않는 풍토가 생길 것이다. 이것은 목사들의 품위를 스스로 낮추게 만드는 것이다.

마찬가지로 성도에 대해서도 비판해서는 안 된다. 장로나 안수집사, 또는 권사의 험담이 섞인 유머는 절대 금물이다. 음담패설도 금해야 한다. 신앙심 높은 청중은 어떻게 저런 말을 강대상에서 할 수 있을까 목사에게 불만을 가질 수 있다. 타종교에 대해 비판하거나 높이는 것도 금해야 한다.

유머 역시 말의 고저장단으로 해야 한다. 그리고 반드시 지켜야 할 것은 유머를 통한 영적 교훈을 던져줘야 한다. 그리고 유머 마지막 부분에는 영적인 사고와 영적인 말들로 매듭짓고 설교하고자 하는 내용으로 자연스럽게 들어가는 것이 좋다.

설교자가 강대상에서 '마음 열기'를 시작하려고 할 때 청중들은 이미 웃을 준비를 하고 있다. 한번 경험해보라! 성도들의 환한 모습을 강대상에서 보라! 이렇게 설교를 시작하는 것이 얼마나 중요한지 알게 될 것이다.

출애굽기 12장 33~36절

33. 애굽 사람들은 말하기를 우리가 다 죽은 자가 되도다 하고 그 백성을 재촉하여 그 땅에서 속히 내보내려 하므로

34. 그 백성이 발교되지 못한 반죽 담은 그릇을 옷에 싸서 어깨에 메니라

35. 이스라엘 자손이 모세의 말대로 하여 애굽 사람에게 은금 패물과 의복을 구하매

36. 여호와께서 애굽 사람들에게 이스라엘 백성에게 은혜를 입히게 하사 그들이 구하는 대로 주게 하시므로 그들이 애굽 사람의 물품을 취하였더라

전리품을 손에 들고서

모세 시리즈
5

PW: 믿음
MIW: 구하라

(예화 _ 맨홀에 빠진 사람)

어떤 사람이 공사장을 지나가다 맨홀에 빠졌습니다. 얼마나 황당하겠습니까. 그래서 소리를 지르기 시작했습니다.

"사람 살려. 여기 사람이 있어요!"

그런데 때마침, 어떤 사람이 지나가고 있었습니다. 그 사람이 맨홀에서 소리가 들려서 가보니 밑에 사람이 있었습니다. 그래서 지나가던 사람이 "왜 거기 계세요?" 물어보았습니다.

"맨홀에 빠졌어요. 나를 도와주세요"라고 외쳤습니다.

그런데 주변이 공사 중이라서 굉장히 시끄러웠습니다. 아주 극심한 소음이 있었습니다. 안 들려서 "뭐라고요?" 하니깐 "맨홀에 빠졌다고요!" 하는데도 자꾸 못 알아듣는 것입니다.

그러니까 밑에 있던 사람이 하도 답답해서 뭐라고 한 줄 아십니까?

"야 임마! 너 그냥 빨리 지나가!" 그랬습니다.

그런데도 "뭐라고요?" 자꾸 묻자 "너 그냥 빨리 지나가라고. 임마!"라고 했습니다.

이처럼 전하고자 하는 사람과 듣는 사람이 서로 뜻이 전달이 되지 않으면 답답한 상황이 많이 발생하곤 합니다. 사람과 사람사이에 전달이 안 될지라도 주님은 우리가 어떤 이야기를 하던지 다 들으십니다. 심지어 우리의 작은 신음까지 모두 알고 해결해 주시는 분이 바로 예수 그리스도이십니다. 주님께 늘 도와달라고 간구하는 여러분 되길 바랍니다.

> **TIP**
> 유머를 하고 난 이후에는 반드시 영적인 교훈을 주어야 한다. 만약 유머에서 그친다면 성도들은 '목사가 왜 강대상에서 저런 이야기를 하지?' 궁금해 할 것이다. 그러나 영적인 교훈을 하고 난 후에는 성도들이 '아, 그렇구나!' 하고 이해할 수 있다.

오늘 성경에서는 굉장히 다른 양극화 현상에 대해 이야기하고 있습니다. 한 쪽은 통곡의 밤을 맞이했고, 한 쪽은 축제의 밤을 맞이했습니다. 아니 같은 밤을 맞이했는데 이렇게 다를 수 있을까요? 한쪽은 울고불고 난리가 났고, 한쪽은 기뻐서 춤을 추는 현상이 일어났습니다. 아니 왜 이러한 상황이 일어났을까요? 똑같은 나라 안에서 이렇게 다른 현상이 나타나는 것을 성경에서는 소개하고 있습니다.

왜 이렇게 되었나요? 이집트에 있는 모든 장자들이 죽음을 맞이하고 말았습니다. 사람 뿐 아니라 첫 번째로 태어난 짐승까지 모조리 죽고 말았습니다. 그래서 온 나라가 울음바다가 되었습니다. 모든 이집트의 가정에서 초상 나지 않은 집이 없습니다. 모든 가정이, 심지어 왕궁에 까지도. 이것이 바로 장자의 죽음입니다. 자식이 많아도 하나가 죽으면 부모 마음이 무너지는데 삼대독자가 죽었다고 생각해 보십시오. 이건 보통 난리가 아닙니다.

이런 난리 속에서 이집트 왕 바로가 모세를 불렀습니다. 이집트 왕과 모세는 계속적인 전쟁을 치러왔습니다. 이 전쟁이라는 것은 하나님께서 모세를 통해서 재앙을 내리신 것을 이야기합니다.

재앙을 내린 이유는 "내 민족, 즉 히브리 백성들을 데리고 이 나라를 나가 겠다"는 것입니다. 그런데 이집트 왕은 반대했습니다. 이때부터 영적인 싸움이 시작되었습니다.

그런데 이집트 바로 왕이 무릎을 꿇고 말았습니다.

"내가 항복한다. 내가 졌으니 이제 너희 민족을 데리고 가라. 가되, 나를 축복해주고 가라."

이 소식을 백성들도 전해 듣게 되었습니다. 이스라엘 백성들은 환호를 질 렀습니다. 이제 지긋지긋한 노예생활을 마무리 지을 수 있기 때문입니다.

"우리가 가자. 젖과 꿀이 흐르는 하나님의 약속의 땅으로!"

'가자'라는 것이 이스라엘 백성의 마음이었습니다. 그래서 그들은 기쁨이 넘쳤습니다. 이것이 바로 그들에게 해방이요 자유였습니다. 기쁨과 감격의 눈물을 흘렸습니다. 그래서 다들 신나서 바로 떠날 준비를 하는 모습을 성경에서 이렇게 소개합니다.

"백성이 발교 되지 못한 반죽 담은 그릇을 옷에 싸서 어깨에 메니라."

백성들이 급하게 짐을 싸서 나가려고 하는데 갑자기 찬물을 확 끼얹는 소리를 합니다.

어떤 말씀이었나요? "구하라"였습니다. 무엇을 구하나요? 금·은·패물을 구하라는 것입니다. 어디서 어떻게? 이집트 집집마다 모두 찾아가서 금·은·패물을 구하라고 말씀합니다.

어떻게 이집트 가정에 가서 구할 수 있겠습니까. 울고불고 난리 난 초상난 집에 찾아가서 "금 좀 주세요" 하면 미친 사람이라고 욕먹을 일입니다.

또 구한다고 해도 누가 주겠습니까? 지금 이집트 백성들은 이스라엘 백성들로 인하여 분노로 가득 찬 상태입니다. 장자의 죽음으로 인해 억울해하고 극도로 신경이 예민한 상태에 있습니다. 그런데 그곳에 가서 패물을 구한다면 맞아 죽지 않으면 다행인 것입니다.

그런데 모세는 "그들이 금, 은을 주지 않는다면 취해라" 말합니다.

'취한다'는 이 뜻은 히브리 언어로 '약탈'입니다. 그리고 약탈은 다른 말로 표현하면 '전리품'입니다. 이것은 전쟁에서 승리했을 때 약탈한 물품을 말합니다. 이것을 소유한다는 것은 말이 안 되는 일이지만 모세는 히브리 백성들에게 강하게 이야기합니다.

"너희들은 애굽의 집집마다 들어가서 물품을 취해라."

어제까지만 해도 분명 그들의 종이었고, 나의 주인이었는데, '주인에게 물건을 내놔!' 하는 꼴입니다. 말이 구하는 것이지 불난 집에 부채질하는 것입니다. 꼭 그렇게 해야 하나 하는 생각이 듭니다.

지금 상황은 빨리나가는 것만 해도 그들에게 감사한 일인데 물건을 달라고 한다면 누가 주겠습니까? 그들도 금은 패물을 모을 때 어떻게 모은 재산인데 그냥 순순히 내 놓지는 않을 것입니다. 그리고 그들은 절대 빼앗기지도 않을 것 같은데 어떻게 달라고 할 수 있을까요? 그러나 모세는 말합니다.

"안주면 빼앗아 취해라!"

그들의 행상은 또 어떤가요? 빨지 않은 옷은 누추하고 냄새 납니다. 남루한 옷은 꼭 거지같습니다. 어깨에는 반죽한 것과 그릇을 넣은 보따리를 매고 있습니다. 주인 앞에 서서 "어이! 주인장. 내가 애굽을 떠나려는데 빨리 주시지?" 무엇을? 금은 패물을. 말도 안 되는 상황입니다.

그런데 하나님께서 왜 이렇게 하시는 것일까요? 구할 것을 구해야지 어떻게 금은 패물을 구합니까? 그러나 초상난 애굽의 가정에 가서 모든 것을 다 가져오라고 하는 이유는 무엇이었을까요? 하나님께서 히브리 백성들에게 당당하게 구하라고 한 이유는 무엇일까요?

그것은 보상차원입니다. 밀린 채불, 즉 노예생활의 대가라는 것입니다. 안 주면 빼앗아서라도 가져오라고 말합니다. 약탈은 좀 심한 거 아닌가 생각할 수도 있습니다. 그러나 약탈이 아니라고 말씀하십니다. 바로 전리품이라고 합니다. 왜? 전쟁에서 승리했기 때문입니다. 영적 전쟁에서 완전히 승리한 것입니다. 누가? 하나님이….

승리의 기쁨은 어떻게 누릴 수 있나요? 바로 전쟁에서 이겨 노획물을 가졌을 때입니다. 이스라엘 백성들을 위해서 하나님이 대신 칼을 잡고 싸운 전쟁에서 승리하신 결과로 금·은·패물·의상을 다 가져가라는 것이었습니다.

그리고 이것은 당연히 히브리 백성의 몫이라고 합니다.

전쟁에서 패한 집은 어디인가요? 초상집입니다. 거기 가서 당당하게 구하라 말씀하십니다. 구할 때 하나님께서 역사하시겠다고 말씀하십니다. 너희들이 그것들을 취할 수 있게 내가 분노를 막아줄 것이며, 절대 그들은 반발하지 않고 순순히 금과 은, 그리고 패물과 옷, 모든 것을 내줄 수 있도록 역사하신다고 말씀하십니다.

하나님이 먼저 "애굽 사람에게 은혜를 입혔다"고 성경은 이야기합니다. 무슨 은혜일까요? 모든 것을 내어주어도 기분 나쁘지 않을 정도의 은혜입니다. 하나님은 구하는 대로 주십니다. 구하지 않으면 주시지 않습니다. 하나님의 은혜가 아니면 절대로 불가능한 일입니다. 은혜로 인해 하나님께서 이집트에서 나갈 때 빈손으로 나가지 않도록 풍부하게 채워주셔서 구하는 것만큼, 원하는 만큼 다 채워주신 것입니다.

하나님의 마음은 어떤 줄 아십니까? 하나라도 더 주고 싶은 것이 하나님의 마음입니다. 정든 이집트를 떠나면서 그들에게 거지같은 남루한 옷이 아닌 의복이라도 제대로 입혀서 보내고 싶은 것이 하나님의 마음입니다. 고향 집에 갔을 때, 어머니가 자식을 빈손으로 보내고 싶지 않은 그 마음은 우리 하나님이 히브리 백성을 향한 마음과 같습니다.

그동안 그들이 얼마나 많은 고생을 하고 힘들고 어렵게 생활했는지 하나님께서 다 기억하시고 저들에게 다 보상해주고 싶은 마음을 가지신 것입니다.

하나님은 우리의 고생, 힘듦, 모든 것을 다 아십니다.

하나님께서 이날을 얼마다 기다리셨는지 모릅니다. 왜 이날을 기다리셨을까요? 하나님이 약속을 이행하는 날이기 때문입니다. 아브라함, 이삭, 야곱에게 하신 약속, "가나안 땅으로 다시 돌려보내주겠다"는 그 말씀을 지키시는 날인 것입니다.

유월절의 승리는 하나님의 계획 속에서 이집트를 완전히 초토화 시킨 바로 이날의 승리를 말하는 것입니다. 어떻게 보면 이날은 민족 해방의 날이기도 합니다. 노예로 묶여있던 백성에게 자유를 준 날입니다. 억압과 소망이 없는 백성에게 소망을 안겨준 날이 이날입니다. 그리고 이날을 하나님의 일방적인 승리로 만들어주셨습니다.

하나님은 자기 백성을 반드시 구원하십니다. 어디에 있든지 무엇을 하든지 자기백성을 구원해 주시는 분이 바로 하나님이십니다. 그래서 자기 백성을 구원하기 위해서 예수 그리스도를 이 땅에 보내주셨습니다.

왜 보내주셨을까요? 하나님께서 자기 백성을 사랑하시기 때문입니다. 하나님 사랑의 완성과 끝을 십자가에 친히 달리심으로 우리에게 보여주신 사건입니다. 자기가 죽고 우리를 살리신 하나님의 사랑이 십자가에서 분명하게 나타났습니다. 하나님의 사랑은 구하는 자, 얻는 자, 영혼의 목마른 자에게 임하게 하셨습니다. 그래서 믿고 구하는 자에게는 구원을 주신 것입니다.

구하는 대로 받으려면 반드시 믿음이 필요합니다.

그래서 <u>믿음은 구하는 것입니다.</u> "구하라. 너희에게 줄 것이니" 믿음으로 구하는 자는 얻게 되어있습니다. 그러나 믿음으로 구하지 못하면 아무것도 얻지 못하게 되어 있습니다.

백성들이 모세의 말을 듣고 초상난 집에 찾아가 금·은·패물을 달라고 한 행위에 대해 "내가 강도도 아니고 어떻게 달라고 그래. 죽어있는 장자의 시신 앞에 통곡하고 슬픔에 빠져 있는 집에 가서 금, 은, 보화를 내놓으라고 하는 게 말이 되냐고" 할 수 있겠지만 믿음은 말이 되게 합니다. 말이 되게끔 만드는 것이 바로 믿음입니다. 구하는 대로 얻는 것도 믿음입니다.

참 신기한 일이 벌어졌습니다. 초상난 집에 가서 금을 달라고 하니까 금을 주고, 은을 달라고 하니 은을 주었습니다. 내 손에 약탈물이 아니라 전쟁의 승자가 가질 수 있는 전리품이 주어진 것입니다. 믿음의 사람은 전리품을 손에 들고 기뻐할 수 있습니다.

<u>믿음은 행동을 요구합니다.</u> 믿음은 구하는 대로 갖는 것이지만 믿음의 행동이 있어야 합니다. 믿음의 행동이 역사를 만들어가고, 기적을 행하게 하고 응답을 받을 수 있도록 합니다. 지금 당장은 믿을 수 없는 상황이더라도 믿음을 갖고 나가면 그 결과의 책임은 하나님께서 주시는 것입니다. 하나님께서 구하라고 하시면 믿음의 행동이 우리에게 필요합니다. 믿음은 최선의 것을 구하는 것이 아니라 최고의 것을 구하는 것입니다.

이스라엘 백성 중 어떤 사람은 "어떻게 초상집에 가서 구해. 나는 안 구하

는 게 좋겠어"라고 하는 사람은 손에 아무것도 가진 것이 없게 됩니다. 하나님의 보상을 받지 못합니다. 우리가 주님 앞에 구할 것은 그냥 구할 것이 아니라 믿음을 담아서 구해야 합니다. 백만 원을 구하면 백만 원이 생기는 것이고, 천만 원을 구하면 천만 원이 생기는 것입니다. 또 억을 구하면 억이 생기게 됩니다. 하나님은 이와 같은 믿음의 행동을 우리에게 요구하십니다. 그 요구에 긍정적인 반응을 가지고 믿음으로 나아가면 믿음대로 결과가 만들어진다는 것을 믿길 바랍니다. 그래서 믿음은 행동입니다.

믿음은 내 의지와 내 생각대로 되지 않습니다.

미국에서 목회를 했을 때 어떤 K집사의 아들이 명문대에 합격을 했습니다. UCLA 입학 통지서를 받은 것입니다. 경사입니다. 그런데 입학하려고 가서 봤더니 불법체류자는 입학은 되는데 남들보다 입학금이 4배나 비싼 것이었습니다. 그 집사님은 할 수 없이 포기해야겠다 생각하며 하나님을 원망하기 시작했습니다.

'늦둥이 아들을 키우기 위해서 여자의 몸으로 힘든 페인트 일을 하며 15년 세월을 견뎌 왔는데 결과는 이것이 뭐냐'며 교회 와서 원망과 불평을 토로했습니다.

그래서 K집사를 불러 이야기했습니다.

"집사님, 이건 포기할 문제가 아닙니다. 주님께 믿음을 갖고 구해보세요."

그랬더니 "목사님 이게 말이 됩니까? 구할 것을 구해야지 가능성이 없어요"라고 말합니다. 그래서 "만약 당신이 새벽기도를 두 달 동안 나와서 믿음을 갖고 기도했는데도 되지 않을 때는 내가 책임지겠습니다"라고 했습니다. 그 후로 K집사는 새벽에 나와서 열심히 기도했습니다. 그런데 역사가 일어났습니다. 새벽기도 3주차가 끝나는 그 주에 법이 바뀐 것입니다. 중학교에서부터 고등학교까지 미국에서 학교를 다녔다면 불법체류자도 영주권이나 시민권자 신분처럼 입학을 허가해 주는 법으로 바뀐 것입니다. 그래서 그 혜택으로 장학금을 받고 입학허가가 난 것입니다.

이처럼 믿음은 구하지 않으면 하나님이 주고 싶어도 받을 수 없습니다. 믿음은 절대적으로 필요합니다.

하나님이 주실까, 안 주실까 의심하지 말고 구해야 합니다. 믿음은 내 인생에 가질 수 없는 전리품을 손에 들게 합니다. 오늘 여러분에게 하나님이 "무엇을 줄까?"라고 하시면 무엇을 구하시겠습니까.

주님 앞에 구할 것이 무엇입니까? 번쩍거리는 금? 은? 패물? 화려하게 빛나는 보석? 어떤 것을 구하겠습니까? 이런 것보다 우리는 주님을 먼저 구해야 합니다.

주님은 모든 것을 갖고 계신 분이기 때문에 그분을 구해야 합니다.

주님은 말씀하십니다.

"구하라 그러면 얻을 것이요. 찾으라 그러면 받을 것이요. 두드려라 그러면 열릴 것이니라."

많은 사람들이 구하는 방법에 대해 착각을 합니다. 금·은·패물을 구할 것이 아니라 예수를 구하시기를 바랍니다. 그분은 모든 것을 소유하신 소유주이십니다. 주인이십니다.

하나님은 절대 손이 짧거나 인색하신 분이 아닙니다. 그분은 우리를 부유하게 하시는 분입니다. 이스라엘 백성들을 생각해보길 바랍니다. 허름한 모습, 영락없는 천한 노예의 모습이었습니다. 그런 모습으로 이제까지 주인이었던 이집트 사람에게 요구하는데도 그들이 모두 다 받았습니다. 지금까지 한 번도 빼앗겨보지 않았지만 오늘만큼은 요구한 대로 다 내어준 것입니다.

노예들마다 금, 은, 보화로 번쩍번쩍 온통 치장하고서 집결장소로 모였습니다.

모두 난리가 났습니다. 서로 눈부신 모습을 보니까 좋았습니다. 가슴 벅찬 감격이 올라오는 것입니다. 믿음대로 구하면 이렇게 역사가 나타날 줄 아무도 몰랐습니다. 사람들이 모여 서로를 쳐다보는데 어떤 사람은 한개, 어떤 사람은 두 개 어떤 사람은 열 개 이상 가지고 있습니다. 믿음의 양에 따라 보상 역시 달라지는 것입니다.

400여 년 동안 노예생활을 하면서 갖고 싶었던 것, 이날 다 갖은 것입니다. 먹고 싶은 거 못 먹었지만 오늘 만큼은 다 얻을 수 있게 되었습니다.

모세가 "우리 앞으로 이제 나아갑시다!"라고 했을 때의 장면을 생각해보길 바랍니다. 금과 은이 햇빛에 반사되어 휘황찬란하게 걸어가는 그 모습을 보면서 하나님이 얼마나 기쁘셨을까요?

말씀을 맺습니다. 여기에서 믿음이 없는 사람들은 그 광경을 보고 땅을 치고 한탄했습니다. 그러나 믿음으로 구한 사람은 당당하게 이집트 집 안에 들어가 전리품을 취하고 온 몸에 금, 은, 보화를 치장하고 가지만 믿음이 없어 구하지 못한 사람은 허름한 옷을 걸쳐 입고 쓸쓸히 대열을 따라 가는 것입니다. 믿음은 구하는 것에서 시작합니다. 믿음은 행동에서 시작합니다. 모두 이러한 믿음을 가질 수 있길 바랍니다.

포인트 워드'

PART 6

Part 6.
포인트 워드
(PW)

포인트 워드point word, PW는 내 가슴을 뛰게 하는 단어다. 포인트 워드를 알게 되었을 때 설교의 영안이 열렸다. 신학교 다닐 때 하나님나라(헤르만 리델보스)에 대한 책을 읽고 천국의 개념이 이해되었듯이 포인트 워드를 이해하고 나서 설교의 핵심을 찾게 되었다.

포인트 워드는 무엇인가?

나의 설교를 순식간에 바꿀 수 있는 가공할 만한 파괴력을 지닌 강력한 도구이다.

포인트 워드는 설교에 있어서 정의라고 할 수 있다. 지금 내 설교를 한 마디로 정의Definition를 내릴 수 있는 단어이다. 설교에 있어서 포인트 워드는 강력한 에너지를 만들어낸다.

포인트 워드는 무엇인가? 설교의 개념이다. 오늘 내가 말하고자 하는 설교의 핵심이다. PW는 한 단어다. 본문의 핵심, 그 사건의 핵심이다. 예수님께서 다양한 말씀을 하셨지만 PW는 한 가지이다. 바로 '믿음'이다. 예수님의 모든 말씀은 '믿음'에 관한 것이었는데 이 한 단어가 바로 PW다.

혈루병 여인이 찾아왔을 때 뭐라고 하셨나? 주님이 하고 싶은 말은 무엇인가? '믿음'이다.

회당장 야이로의 집으로 가는 중에 왜 멈췄는가?
딱 한마디 말씀하셨다.
"네 믿음이 네 병을 고쳤다."

예수님 말씀에 PW가 있는가? 없는가? 분명히 나타나 있다.
그렇다면 내 설교에 PW가 얼마나 나타나는가?
예수님께서 PW를 말씀하셨다면 당연히 생각해봐야 한다.

마태복음 6장 30~31절 말씀에도 믿음이 적은 자들아 염려하지 말라 무엇을 먹을까 무엇을 마실까 무엇을 입을까 하지 말라 하셨다.
마가복음 2장 5절에도 예수께서 그들의 믿음을 보시고 중풍병자에게 이르시되 작은 자여 네 죄 사함을 받았느니라 말씀하셨다.
풍랑 속에 걸어오신 주님은 베드로에게 "믿음이 작은 자여 왜 의심하였느냐(마태복음 15장 31절)" 말씀하셨다.

STOP AND START

마태복음 17장 20절에서도 주님은 "믿음이 겨자씨 한 알 만큼만 있어도 이 산을 명하여 여기서 저기로 옮겨지라 하면 옮겨질 것이요"라고 말씀하셨다.

이렇듯 예수님도 '믿음'이라는 포인트 워드, 한 단어로 설명하셨다. 또 어떤 포인트 워드를 사용하셨는가? 사랑이다. 성경은 한 단어로 표현한다면 '사랑'을 말하고 있다.

하나님을 사랑하고 네 이웃을 사랑하라!

이처럼 '사랑'이라는 포인트 워드가 온 율법과 선지자의 강령(마태복음 22장 40절)이라고 성경은 말씀하고 있다.
예수님은 누구를 향해 말씀하셨는가? 청중에게 했다. 예수님은 청중을 변화시키려고 포인트 워드를 말씀하셨다.

본문에 핵심단어가 있듯이 설교에도 있다. 성경을 포인트 워드로 말할 수 있는 사람은 성경에 능통한 사람일 것이다. 누군가 목회란 무엇입니까 질문할 때 한마디로 말할 수 있다면 그 사람은 목회를 아는 사람이다.

설교할 때 우리는 다양한 이야기를 하지만 포인트 워드는 하나가 되어야 한다. 성경을 읽을 때도 마찬가지다. 포인트 워드를 중심으로 읽어야 성경이 금방 이해된다.

왜냐하면 성경에 나타난 시대와 오늘날의 시대는 많은 차이가 있기 때문이다. 그러나 포인트 워드로 동일한 시대를 만들어 갈 수 있다.

예를 들어 "다윗이 골리앗과의 싸움에서 다윗 손에 칼이 없더라!" 이 성경 본문에서 '믿음'을 포인트 워드로 보았을 경우 내용은 이렇다.

> 다윗 손에는 칼 대신 다른 것을 쥐고 있었는데 그것이 바로 '믿음'이다. 다윗 손에 칼은 없었지만 믿음을 붙들고 있었다. 믿음은 손에 보이는 것이 아니다. 믿음은 하나님만 볼 수가 있다. 믿음으로 무장된 손은 하나님을 향하고 있었고, 믿음의 손이 골리앗을 무너뜨렸다.

포인트 워드를 '믿음'이 아닌 '승리'로 보았을 경우에는,

> 다윗 손에 칼은 없었지만 승리를 붙들고 있었다. 세상은 칼로 승부를 걸지만 신앙은 하나님이 역사하실 때 승리를 붙잡을 수 있다. 승리는 내 손에 무엇을 붙들고 있느냐가 중요하다. 칼이 아닌 하나님을 붙들 때 승리는 내 것이 된다. 왜냐하면 전쟁은 네게 속한 것이 아니요 하나님께 속하여 있기 때문이다.

포인트 워드가 있는 것과 없는 것은 분명한 차이가 있다.

설교 가운데 포인트 워드를 사용했다면 성경을 예리하게 뚫고 지나간다. 분명한 것은 포인트 워드로 사용했을 때 설교에 에너지가 나오게 되고 그 포인트 워드가 성도를 변화시키는 힘이 된다는 점이다. 포인트 워드가 설교의 결과를 바꿀 수 있다.

위대한 설교자에게도 공통적으로 포인트 워드가 있음을 알 수 있다. 로이드 존슨 목사는 '구원의 확신'을 강조한다. 어떠한 설교를 하더라도 '구원의 확신'이다. 설교가 끝나면 '구원의 확신'만 남는다.

생각해보자! 포인트 워드는 모든 학문에 있다. 모든 글에도 있으며 유명한 작가의 글에는 더 확실하게 나타난다. 신학에도 있고, 삶에도 나타나고, 영화의 시나리오에도, 드라마에서도, 심지어 개그콘서트에도 포인트 워드가 있다.

물론 성경도 포인트 워드로 기록되었다. 그렇다면 당연히 내 설교에도 포인트 워드가 있어야 하지 않는가? 세상은 모두 포인트 워드를 사용하고 있고, 포인트 워드가 핵심이 되어 효과를 보고 있는데 왜 설교에서만 포인트 워드가 없는지 생각해봐야 한다.

히브리서 11장은 포인트 워드로 '믿음'을 말하고 있다.
'믿음'으로 모든 세계가 하나님의 말씀으로 지어졌으며, '믿음'으로 아벨은 가인보다 더 나은 제사를 드렸고, '믿음'으로 에녹은 죽음을 보지 않고 옮겨

졌다고 말씀하고 있다. 또 '믿음'으로 노아는 방주를 지었고, '믿음'으로 구원을 받았다고 말씀하고 있다.

포인트 워드는 청중에 따라 달라질 수 있으며 성경을 바라볼 때 다양하게 해석할 수도 있다. 어떤 사람은 감사로, 어떤 사람은 믿음으로, 기도로, 말씀으로, 헌신으로 기타 등등 다양하게 적용할 수 있다. 청중에 따라 소망이 없는 사람에게는 소망을, 믿음이 없는 사람에게는 믿음을 강조할 수 있을 것이다. 그리고 이것이 목회자의 특권이자 적용이라고 할 수 있다.

　　　　포인트 워드의 예: 기쁨, 감사, 복음, 믿음, 말씀, 전도, 소망 등등.

그리고 포인트 워드로 적용할 때, 성도들의 아픔이 치유되고, 삶이 회복된다. 따라서 포인트 워드를 사용할 때는 설교자의 목소리가 강해야 한다.

모세시리즈 6편은 '감사'라는 포인트 워드를 사용했다. 이스라엘 백성들이 사면초가의 상태에서 하나님의 능력을 경험한다. <u>본문에서는 감사라는 포인트 워드를 사용하기보다는 믿음으로 사용하면 더 효과적이다.</u> 그러나 포인트 워드는 어떤 본문이든지 마음대로 사용할 수 있다는 것을 보여주고 싶어서 감사라는 PW를 사용했다.

믿음이나 순종을 포인트 워드로 사용할 수 있지만 이번 설교에서는 감사(PW)로 구성하려고 한다. 왜냐하면 추수감사절을 앞두고 있기 때문에 이번 설교의 정의이자 핵심은 '감사'가 되는 것이다.

따라서 이번 설교에서는 "감사는 기도의 응답이 이뤄진 것을 보고 감사할 수도 있겠지만 아직 이뤄지지 않았어도 하나님의 역사를 미리 바라보면서 감사하는 것"임을 강조하고자 한다.

또 "비록 홍해가 갈라지지 않았지만 감사해야 하며, 그 감사가 능력을 갖고 온다. 그래서 감사는 능력이다. 왜? 하나님이 해결해 주실 줄을 알고 미리 감사할 때 홍해는 갈라지기 때문이다"라는 내용을 전하고자 한다.

그리고 "감사는 위대한 일을 만들며 감사가 내 삶에서 늘 넘쳐날 때 능력이 나타나는 것"임을 결론으로 이끌어낼 것이다.

> **TIP**
> 포인트 워드는 하나의 본문에 설교내용의 다양성을 준다.
> 같은 본문이라 할지라도 이번 주에는 믿음으로 설교할 수 있고 다음 번에는 감사로, 기도로 다양하게 할 수 있다.
> 틀은 비슷할 수 있어도 어떤 포인트 워드를 사용하느냐에 따라 내용은 달라지기 때문에 설교자가 한 본문을 가지고 다양하게 설교할 수 있다는 것이 포인트 워드의 장점이 있다.

출애굽기 14장 9~14절

9. 애굽 사람들과 바로의 말들, 병거들과 그 마병과 그 군대가 그들의 뒤를 따라 바알스본 맞은편 비하히롯 곁 해변 그들이 장막 친 데에 미치니라

10. 바로가 가까이 올 때에 이스라엘 자손이 눈을 들어 본즉 애굽 사람들이 자기들 뒤에 이른지라 이스라엘 자손이 심히 두려워하여 여호와께 부르짖고

11. 그들이 또 모세에게 이르되 애굽에 매장지가 없어서 당신이 우리를 이끌어 내어 이 광야에서 죽게 하느냐 어찌하여 당신이 우리를 애굽에서 이끌어 내어 우리에게 이같이 하느냐

12. 우리가 애굽에서 당신에게 이른 말이 이것이 아니냐 이르기를 우리를 내버려 두라 우리가 애굽 사람을 섬길 것이라 하지 아니하더냐 애굽 사람을 섬기는 것이 광야에서 죽는 것보다 낫겠노라

13. 모세가 백성에게 이르되 너희는 두려워하지 말고 가만히 서서 여호와께서 오늘 너희를 위하여 행하시는 구원을 보라 너희가 오늘 본 애굽 사람을 영원히 다시 보지 아니하리라

14. 여호와께서 너희를 위하여 싸우시리니 너희는 가만히 있을지니라

구원의 작전

모세 시리즈 6

PW: 감사
MIW: 사면초가

(예화_힘을 주는 한 마디)

    중요한 시합을 앞두고 결정적인 순간에 감독과 코치가 선수들에게 "야, 이번 시합 정말 중요해. 꼭 이겨!"라고 했을 때와 "야, 오늘 이 경기는 너희들에게 다시 오지 않을 경기야. 그러니 승패와 관계없이 마음껏 즐겨봐"라고 말한 것 중에 어떤 것이 더 강하고 진정성 있게 들리나요? 후자입니다. 후자의 말이 선수들에게 오히려 힘을 줍니다.

    가장 소중한 사람이 돌부리에 걸려 넘어졌을 때 "왜 이렇게 넘어졌어? 그러니까 늘 조심해야 돼! 알았지?"라는 말과 넘어진 사람을 향해 따뜻한 미소로 손잡아주는 것, 어떻게 다를까요?

    전자는 미안한 마음으로 일어날 것이고, 후자는 가벼운 마음으로 일어나게 합니다.

    우리는 상대방의 어떤 실수를 보고 힘이 빠지는 소리보다는 힘을 넣어주는 한 마디가 좋습니다. 사랑하는 여러분! 이번 한주간도 주님께서는 우리 성도들에게 따뜻한 위로의 한마디를 건네십니다. "내가 너희를 사랑한다" 이 말씀 듣고 한 주간 동안 여러분 삶 속에 기쁨이 되기를 축복합니다.

이스라엘 백성들이 이집트와의 한 판 승부에서 승리의 기쁨을 취했습니다. 어떠한 전술과 뛰어난 무기가 있었던 것은 아닙니다. 오직 하나님의 은혜를 덧입어서 승리할 수 있었던 것입니다. 그 승리의 결과는 자유였습니다. 그들은 억압 받았던 상태에서 자유를 가지고 출발했습니다. 신학자들은 이것을 정의하길 '화려한 출발'이라고 말합니다. 그러니 걸어가는 그들의 마음은 어떠했을까요? 너무 좋았을 것입니다.

하나님께서 인도하는 땅은 약속의 땅입니다. 젖과 꿀이 흐르고 조상들이 숨 쉬었던 그 땅, 그곳은 고향이나 마찬가지입니다. 약속의 땅으로 새 출발하듯이 한 걸음 한 걸음 걸어갈 때 그들의 발걸음이 얼마나 가볍겠습니까? '이런 것이 행복이구나!' 느끼면서 그들은 걸어갔습니다. 이집트에서 겪었던 모진 고생은 다 뒤로하고 콧노래를 부르며 걸어갈 때 하늘 위에서 구름이 인도하고 땅에서는 든든한 지도자 모세가 앞서 나가니 얼마나 좋은지 모릅니다.

길을 잘 가고 있는데 하나님이 갑자기 가는 길을 돌이키라고 하셨습니다. 밑돌 사이 맞은편 해변가에 진을 치라고 하십니다. 그 길은 들어가면 안 되는 길이었습니다.

그 길은 사면초가로 들어가는 길입니다. 빠져나갈 곳이 없는 길, 만약 애굽 군대가 쫓아오면 꼼짝없이 죽을 수밖에 없는 그런 곳이었습니다. 군사 전문가라면 그곳에 들어가는 순간 모두 죽을 수 있다는 것을 다 알고 있습니다.

모세도 당황스럽습니다. 백성들을 그길로 끌고 들어갔다가 만약 애굽 군대라도 쳐들어온다면 어떻게 될 것인가. 앞에는 홍해가 있고 옆에는 길이 없습니다. 갈 수 있는 방향은 왔던 길로 다시 가는 것뿐인데 그 길로 애굽 군대가 들어온다면 모두 죽을 수밖에 없는 길입니다.

더군다나 모세는 군사학을 배웠기 때문에 이 지형으로 들어가면 안 된다는 것을 압니다. 이곳은 바둑으로 말하면 호구와 같습니다. 절대로 들어가면 안 된다는 것을 알고 있는데도 불구하고 하나님이 이곳으로 들어가라고 하는 것은 상식적으로 이해가 되지 않습니다.

하나님이 말씀하십니다.

"그 지역으로 들어가 장막을 쳐라!"

그곳은 지나가는 길도 아니요, 꽉 막힌 길인데 어떻게 하면 좋을까 고민하게 됩니다.

물론 백성들은 지금 이런 지형의 의미는 잘 모릅니다. 알고 있는 사람은 모세뿐입니다.

모세는 사면초가의 지형인줄 알면서도 하나님께서 그곳으로 들어가라고 하니 어쩔 수 없이 백성들을 이끌고 들어갑니다. 모세는 지금 굉장한 모험을 하고 있는 것입니다.

한편 이집트에서는 기쁜 소식이 들리기 시작했습니다. 절호의 찬스가 왔다고 난리가 났습니다. 이스라엘 백성들이 사면초가 지형으로 들어가고 있다는 것을 알고 이집트 왕이 흥분하기 시작합니다. "와! 기회다."

그리고 정예화 된 군사들을 모으기 시작했습니다. 특별히 선발된 600대의 마병을 모으고 모든 지휘관을 동원해서 출전 명령을 내립니다.

"그들은 독안에 든 쥐다. 빨리 가자."

말들에게 채찍을 가하기 시작했습니다. 이집트 군사들이 말을 타고 달려갑니다.

반대로 이스라엘 백성들은 장막을 치고 편안하게 지내고 있는데 어디서 진동이 감지됩니다. 가만히 보니 땅에서 갑자기 진동이 일어납니다. 그래서 밑돌 사이를 바라보니 먼지가 뿌옇게 일어나는데 전차 600대가 다가오고 있습니다. 그 모습을 바라보니 마치 성난 사자새끼들이 입을 벌리고 쏜살같이 달려오는 것 같습니다.

백성들은 순식간에 난리가 났습니다. "우리는 다 죽게 생겼다!"는 외침 한 마디에 백성들은 모두 놀랐습니다. 그리고 이스라엘 백성들은 모세 앞에 가서 따지기 시작합니다.

"무엇 때문에 우리를 죽게 하느냐", "매장할게 없어서 여기서 생매장을 시키느냐", "이건 분명 고의적이다"라고 따집니다. 차라리 애굽에서 사는 것이 나을 뻔했다는 것입니다.

'왜 여기까지 와서 우리를 죽이느냐?', '매장지가 없어서 그러냐?' 불평불만이 극에 달했습니다. 죽느냐 사느냐 생사가 걸린 일이기에 그들의 심경은 이해가 갑니다. 모세도 이런 상태에서 어떻게 할 수가 없었습니다.

그렇다면 하나님은 왜 잘 가던 길을 돌이키셨을까요? 그 이유는 다름이 아니라 하나님의 완전한 구원 작전을 위해서 들어간 것입니다. 다시 말하면 이집트의 왕과 군사들에게 유혹의 미끼를 던졌습니다. 싱싱한 미끼를 낚시 바늘에 딱 걸어서 그들에게 던진 것입니다. 그리고 그들은 벌컥 물었습니다.

하나님은 이집트 추격을 여기서 끝장내기 위해서 가던 길을 돌이키신 것입니다. 만약 그들의 추격을 여기서 끝내지 않고 광야까지 이어졌다면 그들은 절대 포기하지 않고 이스라엘 백성들을 쫓아갔을 것입니다.

본문의 이 사건은 더 이상 끈질긴 추격을 불가능하게 하시기 위한 하나님의 계획을 말하고 있습니다. 바로 왕은 이것을 절호의 찬스라고 생각했지만 하나님에게는 멋진 구원의 작전인 것입니다.

내 인생 최고의 전략가는 내 자신도, 모세도 아닙니다. 오직 주님이십니다. 하나님은 모든 인생의 플래너이십니다. 우리 삶을 완벽하게 설계하는 분입니다. 하나님은 어떤 사면초가 상태라도, 완전히 고립된 장소라도, 함정 속이라도 반드시 해결해주십니다.

모세가 이야기합니다. "너희는 두려워하지 말라."

그러나 저 멀리 애굽군대가 병거와 마병들을 이끌고 내려오는 소리가 들리고 땅은 진동하는데 어떻게 안 두렵겠습니까. 이스라엘 백성들의 얼굴은 완전히 잿빛이 되어서 두려움과 공포에 쌓여있습니다. 그런데 모세는 "너희는 두려워하지 말라" 외치고 있습니다.

하나님은 모세를 통해 다시 강하게 외치십니다.

"두려워하지 말고 제발 가만히 있으라"

하나님이 어떻게 하실 지, 어떤 계획을 세우고 운행하실지 너희들은 구경하라고 하십니다. 하나님은 너희들을 여기서 죽게 하는 분이 아니라는 것입니다. 죽은 사람도 살리시는 분이 하나님이신데 절대로 너희를 죽이지 않을 테니 나를 믿어보라고 외칩니다.

"보라! 두려워하지 말고 가만히 서서 하나님의 능력을 보라! 하나님이 어떻게 행하실지 너희는 구경만 해라!"

그러면서 오늘은 어떤 날이라고 합니까? 구원의 날이라고 이야기합니다.

하나님은 "너희들은 싸울 것이 없다"고 말씀하십니다.

왜 싸울 것이 없다고 하십니까? 하나님이 직접 싸우시겠다는 것입니다. 너희들은 두려워하지 않아도 된다고 합니다. 내가 너희들을 절대 죽이지 않겠다고 합니다.

그리고 잘 생각해 보라고 합니다. 너희들이 이곳까지 어떻게 오게 되었는지.

하나님이 10가지 재앙을 내리실 때 히브리 백성들이 한 것은 오직 순종 밖에 없습니다. 지금도 히브리 백성들은 할 것이 없다고 합니다. 그러면서 하나님은 이야기하십니다.

"이집트 군대를 내가 오게 했다."

왜 그러셨을까요? 그것은 하나님께서 보여줄 것이 있기 때문입니다. 무엇을 보여주려고 하신 것일까요? 바로 이집트로부터 완전한 자유와 해방입니다.

우리에게도 사면초가의 어려운 상황이 닥칠 때가 있습니다. 그러나 어떤 두려움 속에서도, 어떤 위기 속에서도 바다가 갈라진다는 것을 믿길 바랍니다.

이때 우리가 할 것은 아무것도 없습니다. 사방이 막힌 진퇴양난 속에서 우리가 할 수 있는 일은 가만히 하나님을 바라보는 것입니다.

앞으로도 뒤로도 옆으로도 사방이 막힌 상태에서 오직 우리가 바라볼 것은 하나님뿐입니다. 왜냐하면 하나님은 치밀한 계획을 세우시기 때문입니다. 한 치의 오차도 없이 완벽하게 만드시는 분이 주님이십니다. 두려워 죽는다고 외치는 저들을 향해 하나님께서는 안전한 구원의 작전을 세우십니다.

하나님께서는 죽음의 작전을 영광의 작전으로 바꾸셨습니다.

십자가의 작전은 이 세상에서 가장 완벽한 구원의 작전이라고 할 수 있습니다.

예수님을 통하여 온 인류를 구원하는 작전입니다. 그 구원은 생명에 이르게 합니다. 예수님께서 "나를 믿는 자는 영생을 가졌다"고 말씀하신 것처럼 우리는 영생을 다 가진 자입니다. 예수님을 통해서 우리에게 구원을 만드신 분이 하나님이십니다. 십자가는 생명 구원의 작전입니다.

십자가에서 예수님은 말씀하십니다.

"보라. 너희는 나를 믿지 않고는 구원받을 수 없다."

구원받은 사람이 무엇을 했습니까? 아무것도 하지 않았습니다. 단지 믿기만 했습니다. 그렇다면 하나님께 무엇을 해야 할까요? 유일하게 할 수 있는 것이 있다면 '감사'입니다.

구원받은 사람들이 하나님 앞에 할 것은 감사 밖에 없습니다.
그래서 감사는 우리 삶의 능력이 됩니다.
감사는 무엇일까요? 내 삶의 능력이 됩니다.

> **TIP**
> 이번 설교의 포인트 워드는 '감사'다. 따라서 모든 적용 부분을 감사라는 포인트 워드로 설교를 끌고 갈 것이다. 홍해 앞 사건에서 어떻게 감사할 수 있는가, 감사할 것이 무엇이냐고 생각할 수도 있지만 '감사'하는 것이 어떻게 내 삶의 능력이 되는지를 설교하고자 한다.

왜 감사가 능력일까요? 감사할 수 없는 상태에서, 불가능한 상태에서 감사하면 하지 못하는 일들을 할 수 있게 만들고, 불가능을 가능케 하는 능력을 만들기 때문입니다. 인생을 살다보면 현실적으로 사면초가에 빠질 때가 분명히 있습니다. 위기를 경험하게 됩니다.

완전히 고립된 상태에 있을 때, 함정이나 수렁에 빠졌을 때, 내가 할 수 있는 것이 무엇이 있었습니까? 이때 내가 해결해 보려고 했습니까? 그래서 잘 해결되었습니까?

해결해 보려고 발버둥 쳐보니까 해결이 되었습니까? 만약 해결되었다면 그것은 사면초가 상태가 아니었을 것입니다. 사면초가란 앞뒤 모두 막혀 도저히 내가 할 수 없는 상태를 말합니다. 이렇게 해결할 수 없는 사면초가에서 진정 하나님을 바라볼 때 그 분이 해결해 주십니다.

이때 내가 아무것도 할 수 없다고 할 때 감사해 보십시오!
감사는 내 삶에 위대한 일을 만듭니다.

오늘 위대한 승리는 하나님이 반드시 역사하실 것이라는 확신을 가지고 가만히 서서 하나님이 어떻게 하실 것인가를 바라보자는 것입니다. 감사는 홍해가 갈라지기 전에도 할 수 있고, 홍해가 갈라지고 난 후에도 감사할 수 있습니다.

그러면 하나님은 어떤 감사를 통해 위대한 일을 만드실까요? 홍해가 갈라지기 전, 아니면 후일까요? 감사의 위력은 아직 이루어지지 않았지만 미리 감사할 때 내 삶에 위대한 일이 이루어집니다.

누구나 이루어주신 것을 보고 감사한 것은 당연한 것입니다. 그러나 아직 이뤄지지는 않았지만 먼저 감사할 때 하나님은 위대한 일을 만드십니다. 모세는 이것을 알았습니다.

그래서 사면초가 상황에서 길이 보이지 않지만 "하나님이 어떻게 하는지 보라" 자신 있게 외친 것입니다.

어려움 속에서 감사할 때 하나님은 위대한 일을 만들고 계십니다.

예수님은 이미 우리 안에 위대한 일을 만들어 놓으셨습니다. 그 일은 바로 십자가 구원입니다. 영생을 주셨습니다. 사면초가 된 우리에게 영생의 선물을 주셨다면 그 무엇도 주시지 않을 것이 없습니다. 우리에게 말씀합니다.

"공중에 나는 새를 보라! 들에 핀 꽃을 보아라! 내가 입히고 내가 먹이지 아니하느냐? 그런데 하물며 너희일까 보냐?눅12:28"

우리는 어떠한 사면초가 상태에서도 주님이 반드시 해결해 주실 것을 믿고 먼저 감사하길 바랍니다. 감사는 내 삶에 위대한 일을 만들기 때문입니다.

감사가 내 삶에 떨어지지 않을 때 능력으로 나타납니다.

과일농사를 열심히 지어 무르익어갈 때쯤 되었을 때 태풍을 만난 농부의 이야기를 하고자 합니다. 과수원지기의 꿈은 산산조각이 납니다. 농사지은 과일의 90%가 땅에 떨어졌기 때문입니다.

그런데 그는 갑자기 감사하게 됐습니다. 감사할 것 없는 상황에서 먼저 감사하자 그 결과 놀라운 일이 일어났습니다. 어떤 일일까요?

(영상_ 떨어지지 않는 사과)

일본에서 유명한 사과농사를 짓고 있는 한 농부가 있었습니다. 그런데 갑자기 태풍이 오는 바람에 농부의 꿈은 산산조각이 났습니다. 농부는 넋을 잃고 좌절했습니다. 그런데 농부는 한 그루의 나무에 매달린 사과를 바라보며 감사하기 시작했습니다. 10%의 사과만 나무에 달려있었는데 모진 태풍 속에서 떨어지지 않고 붙어 있는 사과를 본 것입니다. 이 상황이 농부는 너무 감사했습니다. 감사한 마음으로 한참을 쳐다보고 있는데 농부의 머릿속에 아이디어 하나가 떠올랐습니다.

당시 일본은 입시가 가장 치열했던 시기였는데 '떨어지지 않는 사과를 입시생들에게 팔면 너무나 좋겠다' 생각한 것입니다. 떨어지지 않는 사과, 태풍 속에서도, 모진 풍파 속에서도 떨어지지 않는 사과라고 판매하면 어떨까' 생각하고 '합격사과'라는 이름을 붙여 판매하기 시작했습니다.

기존 사과의 가격보다 10배 이상 받고 팔았습니다. 순식간에 다 팔렸습니다. 대박이 났습니다. 90%의 사과는 비록 땅에 떨어져 상품이 되지 못했지만 떨어지지 않는 사과로 모든 수익을 낸 감사의 사건입니다.

사면초가와 같은 상태에서 낙심에 빠졌다고 할지라도 우리에게 길을 여시는 분은 하나님이십니다.

내가 하나님 앞에 감사로 나아갈 때, 사면초가에 놓인 상황에서도 감사한다면 사방이 열리고 더 나아가 홍해가 갈라지는 역사가 임하게 됩니다.

내 인생에서 홍해가 갈라질 때 우리는 무엇을 했습니까? 아무것도 한 것이 없습니다. 내가 아무것도 할 수 없을 때도 하나님은 홍해를 가르십니다.

우리는 감사할 것을 찾아서 감사해야 합니다. 이스라엘 백성들이 꼼짝없이 죽게 된 상황 속에서도 하나님이 배후에서 내가 책임지겠다고 말씀하십니다.

"보라. 내가 역사하는 것을…"

우리가 사면초가 상황에서 할 수 있는 것이 있다면 오직 감사밖에 없습니다.

다음주일은 추수감사주일로 지킵니다. 일 년 중 가장 감사한 것 가지고 예배드리길 바랍니다. 하나님이 특별히 내게 일 년 동안 무엇을 주셨고, 어떤 것을 베푸셨나 생각해보고 감사편지 꼭 쓰시길 바랍니다. 다음 주에 특별추수감사헌금도 합니다.

감사는 감사할 때 능력으로 나타납니다. 감사가 습관이 되면 능력으로 나타납니다. 감사도 자꾸 해야 합니다.

> **TIP**
> 앞서 소개한 프레임은 결단 부분이다. 결단은 목회적 아이템을 가지고 한다. 말씀을 듣고 결단을 위한 목회적 아이템으로 우리교회는 매년 추수감사절에 일 년 중 가장 감사한 사람에게 편지를 쓰게 한다.

내가 갖고 있는 사면초가는 무엇입니까? 지금 현실적으로 사면초가로 신음하고, 고통스러워하는 우리에게 하나님은 강력한 말씀으로 설득하고 있습니다.

뭐라고 말씀하고 계십니까? "보라! 너희는 가만히 서서 하나님의 능력을 보라."

내가 지금 해결되어야 할 것이 있다면 무엇입니까? 어떤 것이 지금 가장 두렵습니까? 어떤 진퇴양난 속에서 힘들어 합니까? 모든 것 내려놓고 돌아서고 싶습니까?

내가 할 수 있는 것이 있다면 해보시고 없다고 느껴지면 감사할 것을 찾아서 감사해 보길 바랍니다.

결론을 맺습니다.

지금 이스라엘 백성들은 사면초가에 빠지고 말았습니다. 도망가고 싶어도 도망갈 수 없는 상태에 놓였습니다. 뒤에는 애굽 군대가, 앞에는 홍해가 가로막고, 옆에는 길이 없는 곳입니다. 말발굽소리로 인하여 땅은 진동하고 백성들 마음까지 진동하기 시작했습니다.

그때 백성들은 얼마나 후회를 했겠습니까? 왜 모세를 따라와서 이곳에서 죽나 생각해보니 한심스러웠을 것입니다. 그럴 바에 차라리 애굽에서 노예생활하는 것이 나을 것이라고 생각합니다.

그 때 한사람이 외치기 시작했습니다.

"두려워 말라. 가만히 서서 하나님이 오늘 너희를 위해 행하시는 구원을 보라."

감사가 능력이 됩니다. "하나님 감사합니다" 이야기할 때 하나님이 기뻐하십니다.

내 현실이 사면초가라고 생각하는 이때에 주님은 외치고 계십니다.

"보라. 하나님이 어떻게 운행하실지."

해결돼야 하고 두려운 것이 무엇인지 생각해보고 할 수 없는 것이라면 하나님의 도우심을 구하길 바랍니다. 그분께 감사로 구해서 내 삶 속에서 주님의 능력을 보는 복된 한 주간되기를 소망합니다.

청중 적용에 대해

PART 7

Part 7.
청중 적용에 대해

설교에서 적용은 매우 중요하다. 과거의 말씀이 현재 청중들에게 적용되기 때문이다.

설교 중 적용부분에서 가장 많은 에너지가 나온다. 따라서 설교의 꽃은 적용에 있다고 할 수 있다.

설교를 오늘 왜 하는가? 과거 4천 년 전에 있었던 이야기를 오늘날 설교자가 하는 이유는 무엇인가? 역사를 소개하기 위해서가 아니다. 과거에 말씀하셨던 그 말씀이 오늘날 우리 성도들에게 어떻게 적용되는지를 전하려고 하는 것이다. 말씀을 들은 청중들은 과거의 말씀이 오늘날 나에게 현실적으로 적용되어질 때 감격하고 하나님이 내게 주신 말씀이라고 받아들인다.

적용이 잘되면 성도들은 변한다. 지금 내가 하는 설교는 누구를 위한 것인가?

그것을 이해하면 청중 적용이 얼마나 중요한가를 알 수 있다. 그래서 설교의 꽃은 적용이라고 말할 수 있는 것이다. 만약 내 설교에 청중 적용이 없다면 감동과 변화는 약하다. 대형교회 설교자들은 설교의 어느 부분에 강한가? 바로 적용부분이다.

그럼 설교의 적용이란 무엇인가? 하나님의 말씀을 청중에게 이해시키고 체험케 하는 것이다. 적용에는 직접 적용과 간접 적용이 있다. 간접 적용은 모든 사람이 인식할 수 있는 것이라면 직접 적용은 자신과 하나님과의 관계에서 이루어지는 것이다.

간접 적용은 나의 주변에서 일어나는 어떤 사건, 사고, 환경들을 통해서 적용할 수가 있다. 그러나 직접 적용은 다르다.

모세시리즈 7편에서 적용되는 아이템은 '아말렉'이라는 단어다.
'아말렉'은 나에게 치명적으로 공격하려고 달려드는 것, 또한 내 뒤에서 내 약점을 공격하는 어떤 세력을 말한다. 나라에도 '아말렉'이 있고, 회사에도 '아말렉'이 존재한다. 심지어 가정에도, 교회에도 있다. 그것이 누구인가? 내 삶에서 '아말렉'은 도대체 무엇인가?

모세 당시에 '아말렉'을 경험했던 이스라엘 백성들과 오늘날 살아가고 있는 우리에게도 똑같은 '아말렉'이 존재하고 있다고 소개하는 것은 분명히 직접 적용이 될 것이다.

그래서 적용에도 주관적 적용과 객관적 적용이 있듯이 설교자는 간접 또는 직접 적용을 해줄 때 성도들은 깊은 이해는 물론 성경시대와 동시대를 체험할 수 있게 된다.

우리를 괴롭게 하고 힘들게 하는 아말렉을 어떻게 이길 수 있는가를 살펴보자. 이 문제를 성경은 어떻게 해결했는가? 아말렉을 어떻게 이겼는가를 이해하면 쉽다.

모세는 아말렉을 기도로 이겼다. 오늘날에는 어떻게 이길 것인가 하는 문제에서 우리도 기도로 이길 수가 있다고 분명하게 보여주는 것이 '적용'이다.

따라서 적용은 설교자의 목회시작이다. 만약 설교자가 적용이 없다면 그것은 설교가 아니라 강의가 된다.

일반설교자와 명설교자의 차이점은 무엇일까? 바로 적용 부분이다.

손꼽히는 명설교자에는 로이드존스, 스펄전 등이 있다. 한국 교회의 설교자는 이곳에 이름을 기재하지 않겠다. 그러나 우리나라의 명 설교자라고 한다면 다 알 것이다. 그분의 설교에는 적용이 강하다.

청중 적용을 잘하려고 한다면 설교자가 이미 성도들의 아픔과 어려움과 어떤 환경에 처해있는지를 잘 알아야 한다. 이것을 알면 청중 적용하기는 그렇게 어렵지 않다. 설교로 청중들 심령 속에 정확하게 말씀으로 심어 놓을 수 있기 때문이다.

그러나 반대로 생각해보자! 만약 적용을 모르는 설교자의 설교는 어떨까?

설교말씀이 청중의 귀에 잘 안 들어 올 것이다.

성도 중에 사업에 실패해 낙심하고 있어 심방을 갔다고 하자! 그때 집사님은 펑펑 울고 있었다. 그럼 목회자는 어떻게 할 것인가? 두 가지다.

첫째: 같이 펑펑 울어준다. 집사님 어떻게 하면 좋습니까? 정말 많이 힘들죠? 저도 눈물이 납니다. 집사님을 위해 많이 기도해주지 못해서 이런 결과를 초래한 것 같아요. 미안해요. 내게 돈이 조금만 있어도 사업자금을 빌려 드릴 수가 있을텐데 그만한 돈이 제게 없어요. 죄송해요. 힘내세요.

둘째: 집사님! 왜 울고 그래요? 사업 실패했다 해도 괜찮습니다. 실패는 기회가 된다고 주님은 말씀합니다. 이것을 통해 정말 좋은 기회가 올 것입니다. 주님의 신실하심을 믿어야 합니다. 이렇게 약한 모습은 주님도 싫어합니다. 눈물 닦으시고 용기를 내서 주님께 한걸음 더 나아갑시다. 주님은 집사님을 반드시 도와주십니다. 믿음 없는 행동 마시고 더욱더 주님께 매달리기 바랍니다. 자 힘냅시다.

"어느 방향으로 갈까요?" 이것이 적용이다.
적용은 청중을 위한 것이다. 청중이 있어야 설교한다. 예수님도 청중이 없다면 설교하지 않았다. 설교자는 반드시 청중 적용을 해야 한다.

다윗이 밧세바와 범죄하였을 때 나단이 찾아와서 "당신 왜 그랬나요? 어떻게 그런 범죄를 저질렀나요?" 책망하기보다는 사물을 통해서 예화를 들어 "그것이 당신입니다" 하고 깨달음을 주었던 것도 적용이다.

간접 적용으로 하다가 직접 적용으로 들어간 것이다. 설교자가 성경 말씀만 소개하고 적용은 알아서 해라는 식으로 설교한다면 명설교자가 되지 못한다.

예수님의 경우에 본문 해석이 많은가 아니면 적용이 많았는가? 후자다. 어려운 성경의 문제를 풀어주는 것이 더 많았다. 예화도 많았다. 그 이유는 무엇일까? 적용하기 위해서이다. 주변에 있는 사물들을 통해 소금, 빛, 열매, 돌, 무화과나무 등등을 통해 청중에게 직접 적용했다. 다양한 각도를 통해서 말이다.

적용은 예수님의 목적이 무엇인지 뚜렷하게 나타나게 한다. 타인의 사건을 마치 자신의 사건인 것처럼 만들어야 한다. 하나님과 청중의 2각 관계를 쉽게 만들어야 한다. 그렇게 하려면 먼저는 청중의 아이템을 만들어야 한다. 적용 아이템이 중요하다.

설교 시에는 목회적 아이템과 포인트 워드와 적용 아이템이 있어야 한다. 오늘 나의 설교의 적용 아이템은 무엇인가? 모세시리즈 7편은 '아말렉'이다. 아말렉을 어떻게 이기고 어떻게 승리했는가를 소개할 것이다. 그리고 모세시리즈 7편의 포인트 워드는 '기도'다. 그것도 '중보기도'다.

'아말렉'이라는 단어를 청중 적용 아이템으로 바꾸면 어떻게 될까?

경제문제, 회사문제, 취업문제, 비즈니스(융자/사업구상/계획 등), 돈과 관련된 문제, 건강문제, 질병문제, 이 모든 것이 설교자에게 청중 아이템이 될 수 있는 것이다.

그렇다면 이 모든 청중 아이템을 어떻게 해결할 수 있을까? 포인트 워드가 적용 아이템을 해결한다. 그 문제는 모세시리즈 6편에 소개했던 포인트 워드를 참고하면 된다.

출애굽기 17장 8~13절

8. 그 때에 아말렉이 와서 이스라엘과 르비딤에서 싸우니라

9. 모세가 여호수아에게 이르되 우리를 위하여 사람들을 택하여 나가서 아말렉과 싸우라 내일 내가 하나님의 지팡이를 손에 잡고 산 꼭대기에 서리라

10. 여호수아가 모세의 말대로 행하여 아말렉과 싸우고 모세와 아론과 훌은 산 꼭대기에 올라가서

11. 모세가 손을 들면 이스라엘이 이기고 손을 내리면 아말렉이 이기더니

12. 모세의 팔이 피곤하매 그들이 돌을 가져다가 모세의 아래에 놓아 그가 그 위에 앉게 하고 아론과 훌이 한 사람은 이쪽에서, 한 사람은 저쪽에서 모세의 손을 붙들어 올렸더니 그 손이 해가 지도록 내려오지 아니한지라

13. 여호수아가 칼날로 아말렉과 그 백성을 쳐서 무찌르니라

보이지 않는 비밀

모세 시리즈 7

PW: 기도
MIW: 사면초가

감사는 생각으로부터 시작됩니다. 감사는 다른 곳에서 나오는 것이 아니라 어떤 외부의 환경, 조건에 따라 나타나는 것이 아니라 내 안에서 생각으로부터 나옵니다. 어떤 일이든지 어떤 사건이든지 예수 믿는 우리가 깊이 생각해 보면 감사하지 않을 것이 아무것도 없다는 것을 깨닫게 됩니다. 생각하면 생각할수록 감사가 저절로 나옵니다. 이것을 감사의 능력이라고 합니다.

그런데 감사로 생각하지 않으면 감사가 안 됩니다. 따라서 우리 삶 속에 일어나는 순간순간의 사건을 '어떻게 생각하느냐'가 참으로 중요합니다.

예를 들어 "지금 상황은 안 좋지만 하나님께서 더 좋게 만들어가시겠구나"라고 생각하면 감사함이 일어나는 것입니다. 그런데 반대로 예수 믿는 내가 "왜 하나님 믿는데 더 어려운 거야?"라고 생각한다면 감사가 일어나지 않습니다. 감사는 생각으로부터 시작된다는 것을 기억하고 만사에 감사하는 여러분 되기를 바랍니다.

본문은 모세가 이스라엘 백성들을 데리고 가나안을 향해 전진합니다. 드디어 르비딤 지역을 만나게 됩니다. 그런데 이 지역을 들어가면서 피할 수 없는 전쟁을 한판 벌이게 됩니다. 바로 아말렉과의 전쟁입니다. 지금 이스라엘 백성들은 아직 광야의 삶도 적응하기가 힘 드는데 전쟁까지 하려고 하니 모세 역시 큰 부담이 될 수밖에 없었습니다. 큰 부담은 무엇일까요? 아직까지 이스라엘 백성들은 싸워본 적이 없다는 것입니다.

싸움을 좋아하는 사람이 있을까요? 없습니다. 왜 싫어할까요? 싸움은 거의 대부분은 실패할 확률이 참 많기 때문입니다. 또 성공했다고 하더라도 큰 기쁨이 되지는 않습니다. 싸움 자체가 기쁨을 가져다주지 않습니다. 대부분 사람들의 마음을 우울하게 합니다. 싸움은 사느냐, 죽느냐 생사의 갈림길에서 자기 목숨을 내 던져서 상대를 죽여야 한다는 부담감이 있기 때문입니다. 그럼에도 불구하고 싸움을 해야 하는 이유는 한 가지인데 그것에 대해 신명기에서 구체적으로 소개하고 있습니다.

17. 너희는 애굽에서 나오는 길에 아말렉이 네게 행한 일을 기억하라
18. 곧 그들이 너를 길에서 만나 네가 피곤할 때에 네 뒤에 떨어진 약한 자들을 쳤고 하나님을 두려워하지 아니하였느니라
19. 그러므로 네 하나님 여호와께서 네게 기업으로 주어 차지하게 하시는 땅에서 네 하나님 여호와께서 사방에 있는 모든 적군으로부터 네게 안식을 주실 때에 너는 천하에서 아말렉에

대한 기억을 지워버리라 너는 잊지 말지니라

아말렉이 이스라엘 백성을 공격할 때 정면으로 나서지 않았습니다. 공격해 들어오는 방법이 매우 치사합니다. 후면으로 와서 공격한 것입니다. 후미 대열은 약하고 병든자, 노인, 어린이, 여인들이었습니다. 이들을 뒤에서 공격한 것입니다. 특히 지형 자체가 계곡이다 보니 선두그룹은 후미그룹을 볼 수 없습니다. 후미에 있는 사람이 계속 죽어 나가는 것을 알 수 없었습니다. 선두 그룹은 열심히 앞으로 가고 있지만 후미그룹에 있는 약한 자, 노인, 어린 아이들, 여인들은 계속 죽어 나가고 있습니다.

아말렉은 지형 특성을 이용한 것입니다. 그래서 가장 약한 자들을 치기 시작했던 것입니다.

모세는 이제 첫 번째 싸움을 해야 합니다. 그런데 백성들을 보니 아직 전쟁에 대한 경험이 한 번도 없었습니다. 벽돌을 나르거나 노역은 했어도 칼 들고 싸워 본 적이 없었습니다. 칼을 갖고 있다고 할지라도 사용방법을 모릅니다. 무기를 들고 사람을 찔러본다는 것조차 생각해본 적 없는 사람들입니다.

그런데 지금은 어쩔 수 없는 상황입니다. 모세가 여호수아를 불렀습니다.

"여호수아야. 지금 군인을 모아라. 전쟁터에 나갈 수 있는 사람을 지금 다 모집해서 내일 전쟁을 하자" 이야기했습니다.

군사를 모집하러 여호수아가 나가서 보니 장막의 분위기가 어떠했겠습니까? 우울합니다. 어쩔 수 없이 싸워야만 됩니다.

학창시절 도전장을 내미는 친구들이 있습니다. 도전장을 오전에 받았다고 한다면 점심을 먹을 수 있겠습니까? 오후 수업도 집중할 수 없습니다. 싸울 생각을 하기 때문입니다.

똑같습니다. 지금 이스라엘 백성들은 두려울 것입니다. 아침을 맞이하기 싫었지만 어김없이 아침이 찾아왔습니다. 어두운 밤이 지나고 아침이 올 때 나팔소리가 들렸습니다. 모두들 옷을 입고 밖에 나왔지만 분위기가 당연히 안 좋습니다.

"아이고, 어제 내가 괜히 지원했나?"

후회의 낯빛이 역력하게 보입니다. 백성들이 무기를 하나씩 다 나눠가졌습니다.

그런데 모세가 갑자기 여호수아에게 "너는 앞장서서 싸우라" 이야기합니다.

그리고는 "나는 산으로 가겠다" 합니다. 얼마나 황당한 말씀입니까. 그리고 전략과 전술은 네가 알아서 하라며 여호수아에게 맡기고 지팡이를 들고 모세는 산으로 올라가는 것입니다. 백성들도 황당했습니다. 싸움은 지도자가 앞장서서 싸워야 되는 것 아닙니까. 그런데 전면전으로 적과 대립상태에서 지도자는 산으로 간다고 말합니다.

여호수아는 모세의 말에 순종하고 전쟁터에 나가게 됩니다.

여호수아는 강하게 외칩니다. "자! 우리가 앞으로 나가자!" 백성들은 모두 패잔병과 같습니다. 우왕좌왕합니다. 전쟁을 해본 적이 없기에 질서도 없고 자신감도 없고 서로 눈치만 보게 됩니다. 일단 싸울 마음도 없었습니다.

왜? 지도자가 산으로 갔기 때문입니다.

백성들이 모세를 보니 산으로 올라갑니다. 그 모습이 백성들 눈에는 어떻게 보일까요? 도망으로 보일 수도 있습니다. 정말 오해하기 좋은 상황입니다.

마치 혼자 살려고 도망치는 모습과 같았습니다.

'아니 도대체 왜 산으로 가는 거야!'

따라서 백성들은 싸우고 싶은 마음이 없었습니다. "우리는 죽었다. 실패했다"며 망연자실합니다.

그렇다면 모세는 무슨 생각으로 산에 올라갔을까요?

전쟁에 자신이 없어서 그런가요? 맞습니다. 전쟁에 정말 자신이 없었습니다. 이스라엘 백성들은 싸움의 경험이 없기 때문에 싸우는 건 무리라고 생각한 것입니다. 절대로 이길 수 없다고 생각하니 승리의 방법이 무엇일까 고민하게 됩니다.

상대편 아말렉을 보니 그들은 전쟁에 임하는 각오가 대단했습니다. 그들은 어떤 존재입니까? 무기를 다 가지고 있고 이들 마음자세는 이스라엘 백성들과 사기부터가 사뭇 다릅니다. 그들은 이스라엘 백성을 알기 때문에 하나님까지도 무시합니다. 그리고 전쟁을 철저히 준비했습니다.

따라서 모세는 이 싸움은 사람이 싸워서는 안 되는 것을 알고 있습니다. 이 싸움은 하나님께서 싸워주셔야 가능함을 알게 되었습니다. 그래서 지도자로 전쟁에 앞장서기 보다는 산에 올라가 하나님의 도우심을 구하고자 했습니다. 그리고 그는 하나님 앞에 기도하기 시작합니다.

하나님도 모세를 전쟁터 앞에 세워서 싸우게 하기 보다는 그를 산으로 부르십니다. 모든 백성이 보이는 그곳에 하나님이 세워주셨습니다. 그리고 이 전쟁은 너희들 것이 아니라 내 것이라고 말씀하십니다. 그리고 너는 나가서 싸워서는 안 된다고 말씀하십니다. 하나님이 싸워주셔야 승리할 수 있다는 것입니다. 모세도 사실 지도자가 돼서 앞장서서 싸우고 싶을 것입니다. 첫 전쟁인데 자기의 용기도 보여주고 싶지만 하나님이 막으십니다.

결국 손을 들면 전쟁에서 이기고 손을 내리면 전쟁에서 패하는 이런 엄청난 일들이 생기기 시작합니다. 팔이 아파서 쉬고 싶어도 그 광경을 보면서 팔을 내릴 수가 없습니다.

그렇다면 손을 든다는 것은 무엇을 의미할까요? 손을 든다는 것은 하나님께 향해보겠다는 것입니다. 다시 말해 내가 하나님 앞에 도우심을 구해보겠다는 의미라고 할 수 있습니다. 이 싸움의 승리는 결국 총칼이 아니라 하나님의 전술에 따라 달라지는 것입니다.

그렇다면 하나님의 전술은 무엇일까요? 여호수아를 앞장서게 하고, 모세를 산으로 부르는 것입니다. 이 전쟁을 승리하게 하려고 하신 하나님의 계획이라고 말할 수 있습니다. 그리고 아론과 훌, 든든한 동역자도 붙여 주셨습니다.

이스라엘 백성들이 가나안에 들어가기까지 아무런 싸움 없이 들여보내길 원하는 마음이 하나님의 마음입니다. 전쟁이라는 것은 누군가가 피를 흘려야 하고 죽어야 하기 때문입니다. 그런데 아말렉이 이스라엘 백성들의 후미를 계속해서 공격해오기 때문에 그냥 둘 수가 없었습니다. 아말렉을 그냥 두게 되면 가시가 되어 이스라엘 백성을 평생 괴롭힐 것이기 때문입니다.

에스더에서도 나타나는 하만 역시 아말렉의 자손입니다. 아말렉 자손은 늘 이스라엘 백성을 괴롭히는 존재인 것입니다. 그래서 하나님이 없애기로 하신 것입니다.

우리가 살아가는 이 세상도 사실 전쟁터와 같습니다. 치열한 전쟁터입니다. 이 싸움에서 승리할 수 있는 무기가 있습니다. 바로 기도입니다.

기도는 무기입니다.

> **TIP** 포인트 워드(기도)가 적용 아이템(아말렉)을 해결하는 것을 보여준다.

기도는 상대방을 제압하는 능력을 갖고 있습니다. 상대방에게 치명적으로 타격을 입히는 결정타와 같은 것이 기도입니다. 싸움의 승부도 우리가 하나님 앞에 기도하고 나갈 때에 승리할 수 있습니다. 우리가 기도 없이 그냥 나간다면 승리할 수 없습니다.

모세도 전쟁에 나가고 싶었습니다. 한 판 멋진 승부를 하고 싶었습니다. 그런데 하나님이 아니라는 것입니다. "너는 기도하라" 말씀하십니다. 왜? 기도가 중요하기 때문입니다. 이런 전쟁에서는 기도가 정말 중요합니다. 싸움보다는 산으로 올라가야 합니다. 그가 산으로 올라갔다는 것은 하나님을 향해서 올라갔다는 것입니다. 무엇을 붙잡고? 기도라는 무기를 붙잡고 올라간 것입니다.

기도는 참 힘이 듭니다. 모세도 기도하니깐 인간의 한계를 느꼈습니다. 손을 내리면 전쟁에서 지고, 손을 들면 아말렉이 죽어가고 그러니 더 이상 손을 내릴 수 없었습니다. 그런데 힘이 들다보니 더 이상 손이 안 올라가는 것입니다. 그럴 때 하나님이 어떻게 하십니까? 아론과 훌을 붙여 팔이 내려오지 않도록 붙잡아 줍니다.

무엇을 말하는 것입니까? 기도의 무기를 내려놓으면 전쟁에서 지는 것입니다. 힘들어도 무기를 내 손에서 내려놓으면 안 됩니다. 전쟁터에서 군사가 무기를 내려놓는 일은 없습니다. 삶에서도 이와 같습니다. 기도 없이 살아가는 삶은 그야말로 무기 없이 살아가는 전쟁터와 같습니다. 우리 역시 기도를 무기로 붙잡고 무장하며 삶을 살아야 하는 것입니다. 그래서 기도가 무기입니다.

기도는 응답될 때까지 해야 합니다.

기도는 언제까지 해야 되나요? 응답될 때까지 해야 하는 것입니다.

기도 얼마나 어렵습니까? 그래도 기도는 응답될 때까지 하는 것입니다.

우리는 그동안 기도를 기분 좋으면 하고 기분 나쁘면 안하고 상황에 따라서 조건이 맞으면 하고 안 맞으면 안하는 삶을 살아왔습니다.

그러나 기도가 조건이 된다면 전쟁의 승패는 보장할 수 없습니다. 기도는 기분에 따라 하는 것이 아닙니다. 기도는 서서하기 너무나 힘들면 앉아서라도 해야 합니다. 상황이 안 된다고 하면 누워서라도 기도는 해야 합니다. 언제까지? 응답이 될 때까지.

기도는 포기하는 것이 아닙니다. 포기하는 순간 아말렉이 내게 찾아오게 되어 있습니다. 그래서 포기하지 않도록 하나님이 누구를 붙여주셨나요? 아론과 훌을 사용하셨습니다. 아론과 훌이 모세의 피곤한 팔을 대신해서 들어줄 수 있게 하셨습니다.

교회의 아론과 훌은 누구일까요? 목자들에게는 누구일까요? 목녀와 목원들입니다. 목녀와 목원들이 목자의 팔을 들어주어야 합니다. 안 붙들어주면 그 목장은 무너지는 것입니다. 영적인 싸움에서 무너질 수밖에 없습니다.

모세는 지금 기도의 효과를 보고 있는 것입니다. 손을 들면 이기고 손을 내리면 지고 있는 것을 보고 있습니다.

우리에게 가장 힘든 아말렉은 누구인가요?

> **TIP** 여기서부터 구체적인 직접적인 적용에 들어간다.

나를 가장 힘들게 만들고 어렵게 하는 아말렉은 분명 있습니다. 어떤 사람은 직장상사가 아말렉이라고 하고, 어떤 사람은 자기 가족이라고 이야기합니다. 아말렉은 꼭 사람이 아닐 수도 있습니다. 어떤 사물일 수도 있고, 내 성격일 수도 있습니다. 내 약점을 공격하는 세력들일 수도 있습니다.

그런데 꼭 이러한 아말렉들은 뒤에서 공격을 합니다. 그러면 이것은 무엇일까요? 어떤 사람은 캐피탈이라고 하고, 어떤 사람은 친구라고 하며, 학생은 시험이라고 합니다.

나를 정말 힘들고 어렵게 만드는 아말렉은 누구인가요? 바로 마귀와 사탄의 공격입니다. 사단과 마귀는 절대 앞에서 공격하지 않습니다. 뒤에서 나를 넘어지게 합니다. 그러면 우리는 전혀 알지도 못하고 무방비 상태에서 넘어지게 되어 있습니다. 우리는 어떻게 해야 될까요? 일어나야 합니다. 일어나서 기도할 때 반드시 사단과 마귀는 물러가게 되어 있습니다. 여기서 우리는 지면 안 됩니다.

우리가 만약 기도를 쉬게 된다면 뒤에서 공격이 들어오게 되어 있습니다.

(예화 _ 남편의 기도)

어떤 남편이 오래간만에 교회를 갔습니다. 그런데 교회 갔다 오더니 기도를 얼마나 열심히 하는 줄 모릅니다. 왜 그럴까요? 가만히 들어보니깐 자기 아내를 위해서 기도를 하는 것입니다. 그러니 아내가 얼마나 기분이 좋겠습니까. 아내가 기분이 좋아서 목사님한테 전화를 했습니다.

"목사님 이번 설교가 너무나 은혜가 된 것 같습니다. 혹시 목사님께서 아내를 위해 기도하라고 하셨나요?" 물어봤습니다.

그랬더니 목사님이 뭐라고 말씀했을까요?

"아니요. 저는 원수와 싸워서 이기려면 기도하라고 했는데요!"라고 답하는 것입니다.

모세가 첫 번째 싸움에서 첫 승리를 거둡니다. 그런데 그 승리를 어디서 보았냐면 산에서 본 것입니다. 이스라엘 백성들이 승리의 기쁨을 취하는 모습을 보면서 모세의 마음도 기뻤습니다. 산을 올라갈 때는 무거운 마음으로 올라왔습니다. 어쩔 수 없이 힘들게 올라갔습니다. 마치 도망자와 같은 모습을 보여주었습니다.

그러나 이 산을 내려갈 때 그 기쁨은 말할 수 없이 컸습니다. 이스라엘 백성들은 군사적으로 잘 갖추어있지 않았습니다. 싸움의 경험도 없고 무기도 능숙하게 다루지 못했습니다. 그렇다면 오늘 분명히 패전할 수밖에 없는 상황이었습니다. 그러나 아말렉을 이긴 다음부터는 이스라엘 백성들이 군대다운 모습을 갖추게 되었습니다. 그리고 아말렉과 전쟁에서 승리한 후에 그들에게 얻은 노획물도 있었습니다. 광야에서 노획물을 얻는다는 것은 큰 기쁨입니다. 말과 음식, 군수물자, 무기 그리고 전쟁의 자신감까지 그들은 얻게 됐습니다.

지금 내가 어렵고 힘이 들고 지쳐있다면 고민하지 말고 주님 앞에 나와 손을 들길 바랍니다. 아말렉을 물리칠 수 있는 유일한 비밀 병기는 손을 들고 기도하는 것입니다. 이것이 보이지 않는 비밀입니다.

어떻게 아말렉과의 전쟁에서 이겼을까요? 그 비결은 무엇일까요? 이것은 다른 데 있지 않고 기도에 있다는 것입니다. 하늘을 향해 손을 들 때 주님이 내 손을 잡아 주십니다. 주님의 손이 내 손을 잡아주실 때 해결이 되고 기적이 일어나게 됩니다.

(영상_대만의 국민배우 이천주)

이천주라는 배우가 있는데 그는 언제나 주님을 위해서 산다고 합니다. 그는 이렇게 고백합니다.

"내 힘으로 배우가 되었다고 생각해 본 적이 없습니다. 하나님을 만나면서 내 인생은 밑바닥부터 시작해야 된다는 것을 알았습니다. 그래야 하나님이 나를 사용하실 수 있다고 생각했습니다. 모든 영광을 하나님께 돌립니다."

그런 그가 대만에서 받기 힘든 남우주연상 대상을 받습니다. 그리고 수상 소감을 주기도문으로 대신했습니다. 그는 왜 주기도문으로 소감을 한 것일까요? 대만에는 마약과 동성애 그리고 죄악이 많기 때문입니다. 많은 사람들이 그를 향해 비판했습니다. 하지만 그는 당당히 인터뷰를 통해 이야기합니다.

"나는 다시 똑같이 상을 받아도 그렇게 할 것입니다."

그에게 나타난 이 담대한 용기는 바로 '기도'였습니다.

결론 맺습니다.

이스라엘 백성들은 가나안으로 향해 들어가기 시작했습니다. 르비딤이라는 지역에 들어서자 뒤에서 아말렉이 공격했습니다. 약한 자, 병든 자, 어린 아이들, 여인들을 공격하기 시작했습니다. 하나님은 모세에게 너는 전쟁에 앞장서지 말고 산으로 올라오라고 명령하십니다.

그때 모세는 백성들에게 "지도자가 되어서 도망가냐"라는 원망의 소리도 들었고, 백성들 역시 그에게 실망했습니다. 우리는 피 흘려 싸우는데 지도자는 산 위에 서서 구경하는 것 같았기 때문입니다.

그러나 그가 손을 들고 하나님을 향해 기도하는 것을 알게 되었습니다. 모세가 백성들을 위해 하나님 앞에서 기도해야 한다는 사실을 깨닫게 된 뒤로부터 전쟁의 승패가 달라지기 시작했습니다.

우리는 아말렉의 공격을 무수히 받습니다. 특별히 우리가 살아가는 현장 속에서 보이지 않는 시험을 많이 당하고 있습니다. 이것을 이겨나가려면 우리에게는 기도가 필요합니다. 기도하지 않으면 아말렉의 공격에 넘어질 수밖에 없습니다. 우리 모두 기도로 모든 싸움에서 승리의 기쁨을 맛보길 바랍니다.

결단에 대해서

PART 8

Part 8.
결단에 대해서

사람에게 무엇인가 새로운 것을 심어주려면 결단이 필요하다. 설교의 꽃이 적용이라면 열매는 결단이라고 볼 수 있다. 결단의 개념은 무엇인가?

청중들은 하나님의 은혜를 받으면 하나님 앞에 신앙적 행동을 하고 싶어 한다. 그 은혜로 인하여 마음의 큰 도전을 받는다.

'내가 어떻게 하면 좋을까?' 그럴 때 설교자의 결단을 통해 그대로 순종하게 된다. 하나님의 뜻에 따르겠다는 헌신적 행동을 의미한다.

자의적인 것도 있겠지만 성령님의 도우심으로 또는 성령님의 개입으로 인간이 결정하는 것을 말한다. 성화적 결단이라고 보아도 좋다. 이것은 종교적 본능이다. 신앙을 촉진하고 향상시키는 결정적 계기가 된다. 구원을 자각할 수 있는 자들에게 결단은 그의 삶 속에서 꼭 수반되어야 할 사건이다. 결단은 정말 중요하다. 그러나 설교자가 무리한 결단을 요구해서는 안 된다.

결단은 구원받은 자에게 꼭 일어나야 할 일이기도 하다. 왜냐하면 설교에서 신앙적 결단은 주저앉아 있는 청중을 일으켜 세우는 것과 같기 때문이다.

결단은 영적인 삶에서 승리로 나가게 하는 매개체이기도 하다. 만약 설교에서 결단을 제외한다면 감동적인 논리와 성경강의는 될 수 있어도 목회적 방향으로 청중을 이끌고 가지 못한다. 결단할 때 청중들은 설교자의 목회방향과 의도를 감지하게 된다.

설교 중 결단은 강력한 에너지가 나온다. 결단은 목회의 완성이고 열매이기 때문이다.

설교자는 이번 목회 프로그램에서 전도가 포커스라고 한다면 설교 중 청중들에게 전도의 중요성을 강조할 것이고, 전도는 어떻게 해야 하는지, 누가 할 것인지, 언제 할 것인지를 구체적으로 방향 제시를 하며 청중들에게 적극적으로 참여할 것을 강조할 때 청중들은 그 결단에 맞추어서 움직이게 된다.

만약 이러한 결단 없이 청중들이 자발적으로 전도에 참여하라고 하면 할까? 아니다. 설교자를 따라 청중들은 움직이게 되어 있다.

그러나 좋은 약에도 부작용이 있듯이 결단은 설교 중에 좋은 것이지만 부작용이 있다. 부작용은 언제 나타나는가? 청중들에게 은혜를 주지 못했을 때다.

은혜 없이 결단을 하게 되면 반드시 부작용은 따라온다. 따라서 결단은 무리하게 요구하지 말아야 한다. 청중들이 충분히 은혜 받았을 때에는 결단하도록 해야 한다.

은혜를 받았을 때는 설교자의 목회 의도대로 청중이 따라오지만 은혜를 받지 않았을 때는 청중들에게 따라오라고 해도 따라가지 않는다.

결단은 중요하다. 설교자가 추구하고자 하는 행동을 요구할 때는 반드시 결단이 필요하기 때문이다. 결단은 목회의 사활이 걸려있다. 결단은 목회의 완성이요 열매다. 성도들을 움직이게 하는 방법은 결단이다. 감동을 추구하는 설교에서 변화를 추구하는 설교의 핵심은 결단이다. 감동은 마음으로, 결단은 행동을 바꾼다.

100년 전 한국교회의 현상은 회개와 결단이었다. 저절로 일어나는 회개가 아니었다. 분명한 결단을 촉구할 때 회개가 된 것이다. 예수님은 설교 때마다 결단을 사용했다. 모든 신,구약 성경은 결단을 요구하고 있다. 복음은 값없이 주어지지만 그 대가로 주님은 톡톡히 값을 치르셨다. 위대한 신앙인은 위대한 결단으로부터 시작된다.

결단은 목회 프로그램이 분명하게 있어야 한다. 청중들을 하나로 끌고 가려면 분명한 결단 아이템이 있어야 한다. 목회 프로그램이 있느냐 없느냐에 따라 결단이 존재한다.

목회 프로그램이 없다면 무리한 결단이 나올 수밖에 없다.

고대사의 어떤 전쟁사를 보면 어느 한 장군이 병사들과 타고 온 배를 모두 불 지른다. 그리고 군사들에게 이렇게 외쳤다.

"우리에게는 돌아갈 수 있는 배가 없다."

그때 군사들은 목숨을 걸고 싸웠고 그 결단이 승리를 이끌었다.

오늘날 설교에서는 결단을 어떻게 해야 하는가? 많은 설교자들은 설교에 감동만 주면 변화될 것이라고 생각한다. 아니다. 착각이다. 설교자는 말씀만 전하면 성령님이 저절로 바꾼다고 생각한다. 또한 결단이 청중들을 피곤하게 만든다고 생각한다. 결단은 인위적인 목회라고 생각한다. 이렇게 되면 청중을 주저앉게 만드는 것이다. 결단을 잘 이끄는 설교자는 분명한 리더십이 생긴다. 결단은 교회를 빠르게 성장시킨다.

예를 들어 이순신 드라마의 결단을 살펴보자. 이순신 장군이 노량해전에서 결단시킨다.

"우리는 모두 죄인이다. 7년간 수많은 전우를 저 바다에 묻었다. 이 전쟁을 끝내지 못하면 죄인의 영원한 굴레에 빠지게 된다. 우리 16,000명의 조선수군은 죄인으로 전쟁에 나간다. 그러나 내일 우리는 모두 승리자가 무엇인지 알게 될 것이다. 단 한척도 살려 보내지 마라. 무훈을 빈다."

병사는 "와!" 하고 고함을 지른다. 이런 결단은 무리한 결단이 아니다.

알렉산더의 결단을 살펴보자.

100만 대군 앞에 서있는 4만5천군에게 알렉산더가 어떻게 결단시키나?

"누구는 서쪽 태양이 지는 것을 보지 못하는 사람도 있을 것이다. 두려움을 물리쳐라. 자유를 위해, 명예를 위해, 그리스를 위해, 제우스는 우리와 함께 한다."

결단을 어떻게 하나? 도전을 준다. 도전 끝에 얻는 것은 헌신이다.

노량해전에서 모두 죽는다는 것을 알지만 후세에 죄인이라는 소리를 듣지 말자는 결단을 주었다. 알렉산더에서는 자연스럽게 청중들의 마음을 흔들어 놓고 결단을 제시했다. 바로 우리가 섬기는 제우스신이 함께한다는 결단이다. 사람이 신과 함께 간다고 할 때 마음이 뜨겁다.

여기서 성경적 결단을 살펴볼 필요가 있다. 엘리야는 하나님을 섬기도록 강한 모습을 보인다.

> 엘리야가 모든 백성에게 가까이 나아가 이르되 너희가 어느 때까지 둘 사이에서 머뭇머뭇 하려느냐 여호와가 만일 하나님이면 그를 따르고 바알이 만일 하나님이면 그를 따를 지니라 하니 백성이 말 한마디도 대답하지 아니하는지라 열상18:21

에스라는 이방인과 혼인한 상황에서 이혼을 촉구했고 계시록에 나오는 라오디게아 교회에 차지도 덥지도 않은 모습을 비판하며 결단하도록 한다. 하나님도 때때로 선지자, 백성에게 결단을 요구하는 것이 많다. 예수님은 모든 설교에 결단을 촉구한다. 이유는 하나님의 자녀이기 때문이다.

항상 신앙적 결단을 요구하며 설교를 듣고도 결단하지 않는 자는 저주받고 결단한 자는 구원받는다. 문둥병자 10명 중 결단한 한 명만이 구원받았다. 마태복음 7장 24절에는 이 말을 듣고 행치 않는 사람은 그 집을 모래위에 지은 어리석은 사람이라고 말씀하고 있다. 이 말을 듣고 행하는 자, 결단하는 사람들이 지혜로운 사람들이라고 말씀하고 있다. 결단은 구원받은 자의 징표이다.

모세시리즈 8편에서 결단의 아이템은 중보기도다. 이번 설교를 통해서 목원들은 목자를 위해, 목자는 목원들을 위해 중보기도할 수 있도록 결단하게 하는 것이 핵심이다.

출애굽기 32장 30~35절

30. 이튿날 모세가 백성에게 이르되 너희가 큰 죄를 범하였도다 내가 이제 여호와께로 올라가노니 혹 너희를 위하여 속죄가 될까 하노라 하고

31. 모세가 여호와께로 다시 나아가 여짜오되 슬프도소이다 이 백성이 자기들을 위하여 금 신을 만들었사오니 큰 죄를 범하였나이다

32. 그러나 이제 그들의 죄를 사하시옵소서 그렇지 아니하시오면 원하건대 주께서 기록하신 책에서 내 이름을 지워 버려 주옵소서

33. 여호와께서 모세에게 이르시되 누구든지 내게 범죄하면 내가 내 책에서 그를 지워 버리리라

34. 이제 가서 내가 네게 말한 곳으로 백성을 인도하라 내 사자가 네 앞서 가리라 그러나 내가 보응할 날에는 그들의 죄를 보응하리라

35. 여호와께서 백성을 치시니 이는 그들이 아론이 만든 바 그 송아지를 만들었음이더라

누군가 널 위하여

모세 시리즈
8
PW: 기도
MIW: 위기

(예화 _ 안경)

안경이 인류에게 기여한 공이 참 큽니다. 뚜렷하게 보이지 않았던 사물이 안경을 쓰고 보면 정확하게 보이고 흐릿했던 글씨가 뚜렷하게 보이기 때문입니다.

그러나 이렇게 좋은 안경도 '미움'이 덧입혀진다면 어떻게 될까요? 미움이라는 안경을 쓰고 세상을 바라보면 똑똑한 사람이 잘난 체하는 것 같고, 착한 사람이 바보 같고, 잘 웃는 사람이 실없어 보이고 듬직한 사람이 미련하게 보입니다.

반대로 사랑이라는 안경을 쓰면 어떨까요? 잘난 체 하는 사람이 똑똑한 사람으로 보이고, 바보 같은 사람도 착한 사람으로 보이고, 실없어 보이는 사람이 잘 웃는 사람으로 보이고, 미련한 사람도 듬직하게 보이게 됩니다.

사랑이라는 안경을 쓰고 보면 상대방의 약점이 보이는 것이 아니라 강점이 보이고, 그리고 그 사람의 긍정적인 면을 보게 됩니다.

그렇다면 우리는 어떤 안경을 써야 할까요? 바로 주님의 안경을 쓰길 바랍니다. 주님의 안경은 우리의 장점만 봐주시고 약점과 허물을 감싸주십니다. 그러면 이번 한 주간 살아갈 때 어떻게 살아야 할까요? 주님의 안경을 쓰고 살아갈 때 정죄하기 보다는 사랑으로 품어줄 수 있는 복된 한 주간되길 바랍니다.

오늘 본문은 모세에게 큰 위기가 찾아온 것을 이야기해줍니다. 가장 끔찍한 일들이 눈앞에 벌어지고 있습니다. 다른 것이 아니라 이스라엘 백성들이 하나님을 버린 것입니다. 인생을 살다보면 우리는 버릴 것이 있고 버리지 말아야 할 것이 있습니다. 또 우리가 취해야 할 것이 있고 취하지 말아야할 것이 있습니다. 버려야할 것을 버리지 않았을 때 우리에게 큰 낭패가 찾아옵니다. 지혜로운 사람은 버려야 할 것은 버리고, 취해야 할 것은 취하는 것을 분별할 수 있는 사람입니다.

그런데 본문의 이스라엘 백성들은 버리지 말아야 할 것을 버렸습니다. 취하지 말아야 할 것을 취했습니다. 그들은 하나님을 버렸고, 금으로 신을 만들어 취했습니다. 다시 말하자면 소의 형상을 만든 것입니다. 그리고 그것을 자기의 신이라고 믿고 잔치를 열고 춤을 추며 광란의 축제를 연 것입니다. 정말 어처구니 없는 사건입니다. 도저히 이해할 수 없는 상황이 모세의 눈앞에 나타났습니다. 모세는 이렇게 생각합니다.

"아니, 어떻게 이럴 수가 있을까? 하나님의 은혜와 축복을 그리고 기적을 본 자들이 아닌가?"

<u>물론 그들도 변명할 거리는 있습니다.</u> 우상을 만들게 된 사연이 있으며, 모세에게도 책임이 있다는 것입니다.

> **TIP**
> 일방적으로 이스라엘 백성이 우상을 만든 것에 대해 잘못했다고 지적만 하고 설교를 진행한다면 설교효과가 다소 떨어질 수 있다. 그들이 우상을 만들게 된 동기를 구체적으로 설교자는 변론해 주어야 한다. 설교를 듣는 청중들 역시 동일한 죄를 짓기 때문이다. 그들의 어쩔 수 없는 상황을 공감해 주며 그럼에도 불구하고 신앙을 지켜야 하는 이유를 설명한다면 결단하는 효과가 나타나게 될 것이다.

모세가 산에 올라갔는데 아무런 소식도 없이 내려오지 않았습니다. 지도자의 생사가 궁금한데 죽었는지 살았는지 아무도 모릅니다. 모세는 정신적, 영적 지도자인데 아무런 소식이 없으니 얼마나 앞이 캄캄하고 불안하겠습니까. 지도자가 자기들에게 사라졌다는 그 불안감은 이루 말할 수가 없었습니다. 그래서 이 불안감을 해소하기 위해 그들이 우상을 만든 것입니다.

그런데 사실 지도자가 사라진 것이 아닙니다. 모세는 하나님과 독대를 하고 있었습니다. 하나님과 대면하면서 앞으로 어떻게 이스라엘 백성들을 이끌어가야 하는지, 어떠한 법을 세우고 기반을 세울 것인지에 대해 하나님께 전수받고 있었습니다.

그런데 이스라엘 백성들은 이를 알지 못하고 지금 지도자가 없으니 우리 나름대로 해결책을 찾아보자고 합니다. 그래서 신을 만들었습니다. 눈에 보이는 신을 가장 좋아 보이는 것으로 만들었습니다. 금으로 신상을 만든 것입니다. 멋지고 화려한 신상을 보며 그들은 스스로 만족했습니다. 그런데 금송아지, 어디서 많이 본 것 같지 않습니까?

이스라엘 백성들은 이집트에 살면서 그들이 금송아지를 놓고 신으로 받드는 모습을 보고 배웠습니다. 그리고 이집트 백성들이 우상을 섬기는 모습을 보면서 '갖고 싶다' 생각했던 것입니다.

그래서 당연히 신을 만들고자 했을 때 금송아지를 만들게 된 것입니다. 만들고 보니 너무 좋았습니다. 이집트에서 본 금송아지보다 우리가 만든 금송아지가 더 좋다고 생각하니 춤을 추고 잔치를 벌이며 신이 났습니다. 그런데 문제는 그들이 하나님을 믿으면서도 금송아지와 하나님을 동일한 수준으로 봤다는 것입니다.

아니, 금 신상을 더 높게 여겼습니다. 이런 위기 앞에서 모세는 어떻게 해야 할지 몰랐습니다. 이 광경을 목격한 모세는 더욱더 기가 막혔습니다. 위기였습니다. 모세는 어떻게 해야 될지 감당이 안 됐습니다. 사람과 사람 사이에 문제가 생기면 모세가 중간에서 어떻게 해결해 보겠지만 하나님과 사람 사이에서 발생한 이 엄청난 위기를 모세는 어떻게 해야 할지 방법이 없었습니다. 지도자에게 생각지 못한 위기가 찾아온 것입니다.

모세는 백성들을 바라보며 정말 미웠습니다. 그럼에도 불구하고 저들을 살리고 싶었습니다. 이때 지도자가 위기를 대처할 수 있는 방법은 무엇일까요? 어떤 매뉴얼을 가지고 나가야 할까요? 만약 이런 위기라면 나는 어떻게 해야 할까? 고민해봅니다. 이때 내가 할 수 있는 방법은 무엇일까요? 하나님 앞에 최고의 방법은 어떤 것일까요?

모세의 방법은 이러한 상황에서 바로 하나님께 올라갔습니다. 하나님께 올라가는 것이 방법입니다. 그가 올라가지 않고는 방법이 없다는 것을 알게 됐습니다. 본문에서 나타난 말씀처럼 "내가 하나님 앞에 올라가서 사정해보겠다. 용서를 구해보겠다" 하는 것입니다. 왜 모세는 이렇게까지 할까요? 위기의 결과가 죽음이기 때문입니다.

백성을 향한 안타까운 마음, 불쌍한 마음을 가지고 백성들을 위해 하나님께 올라가서 용서를 구하고자 한 것입니다.

지도자는 위기에 강해야 합니다. 위기가 닥쳤을 때는 냉정해야 합니다. 지도자가 사사로운 감정에 개입되면 위기에서 벗어날 수 없습니다. 훌륭한 선수는 위기에 강한 사람입니다. 팀 전체가 위기 속에 있더라도 극적인 한 방을 발휘할 수 있는 사람이 바로 훌륭한 선수입니다. 그럴 때 야구는 대타를 내보냅니다. 적절한 시점에서 선수를 교체하는 것입니다. 감독이 대타를 내보낼 때는 정말 희망을 담아서 내보내게 됩니다. 그리고 대타가 정말 훌륭한 역전의 승부를 보여줄 때, 훌륭한 선수라고 이야기하는 것입니다.

위기에 강해야 합니다. 평상시보다 위기일 때는 강해야 합니다.

모세는 지금 하나님께 간청하고 있습니다. "내 백성 살려달라고." 하나님께 내 생명을 취해 달라고 합니다. 심지어 생명책에서 자기 이름을 지워달라고, 저들을 구해달라고 지금 간청하고 있습니다.

하나님은 모세의 기도를 듣고 싶어 했습니다. 백성을 사랑하는 그 마음을 보고 싶어 하셨습니다. 그리고 백성을 향한 모세의 마음을 보셨습니다. 하나님은 자신의 백성을 보호하고 지켜주고 싶어 하십니다. 능멸하고 처참하게 죽이고 싶지 않으시고 언제나 위기 가운데 만나주십니다. 어떤 상황 속에서나 위기 속에서나 그냥 두지 않으시고 귀 기울이시고 듣고 계시고 보고 계십니다.

누구나 살다보면 위기가 찾아옵니다. 위기의 강도가 서로 다를 수는 있지만 만약 내가 감당할 수 없을 만큼 위기가 왔다면 그때는 하나님께 올라가야 합니다.

다른 방법은 없습니다. 하나님께 올라가야 해결책이 나타납니다. 하나님 앞에 나갈 때 애통함을 가지고 나가길 바랍니다. 간절함을 가지고 나가길 바랍니다. 하나님은 해결하지 못할 것이 없습니다. 어떤 위기 속에서도 하나님은 이 땅에서 모든 것을 해결할 수 있는 분입니다.

위기 속에서 백성들을 위해 간청하는 모세의 모습을 하나님은 보셨습니다. 그리고 뜻을 바꾸십니다. 백성의 죽음, 위기 앞에서 모두가 진멸을 받아야 마땅하나 하나님께서 모세의 간절함을 들으셨기에 <mark>위기가 기회로 변화된 것입니다.</mark>

때로는 위기가 기회가 됩니다. 위기가 내 인생을 반전시킬 때가 있습니다. 따라서 위기는 모두 나쁜 것이 아닙니다. 성경에서도 위기를 기회로 변화시킨 자들이 있습니다. 노아는 홍수라는 위기에서 방주를 탈 수 있는 기회로, 요셉은 감옥의 위기에서 총리가 되는 기회로 하나님께서 변화시켜주셨습니다.

이스라엘 역시 홍해라는 위기 속에서 바다가 갈라지게 되는 기회로 변화되었습니다. 중요한 것은 어떤 위기가 오더라도 그 위기 속에서 내가 누구를 만나느냐, 누구를 찾느냐가 중요한 것입니다. 하나님께 올라가서 그 분을 찾고 만나고 구하고 간구할 때 해결을 받을 수 있습니다.

하나님은 위기를 기회로 만들어주시기 때문에 그렇습니다. 십자가를 통해 죄악 속에서 구원이라는 기회를 만드시지 않으셨습니까. 우리는 위기 속에서 하나님 앞에 올라가야 합니다.

위기의 해결은 중보기도입니다.
중보기도가 생명을 살립니다.

백성들의 위기 앞에서 모세의 기도는 생명을 살리는 기도였습니다. 기도의 내용은 저들을 용서해 달라는 것입니다. 용서하지 않으면 나도 저들과 함께 죽기를 원한다는 것입니다. 그리고 생명책에서 나를 지워달라고 기도합니다.

이것이 바로 생명을 담보로 한 기도입니다. 모세는 죽을 짓을 하지 않았습니다. 죽을 죄는 백성들이 저질렀습니다. 그런데 이런 위기 가운데 생명을 구하고 싶은 지도자의 마음이 모세에게 있었습니다. 이 마음이 바로 예수님의 마음입니다.

예수님께서 말씀하셨습니다. "저들의 죄를 용서하소서, 저들은 자기의 죄를 알지 못하나이다." 십자가에서 채찍과 멸시 속에서도 중보기도를 하고 계셨습니다. 피 흘리는 고통 속에서도 중보기도의 끈을 놓지 않고 기도하셨습니다. 예수님께서 우리를 구원하기 위해 자신보다도 남을 생각한 기도였습니다. 이것이 진정한 중보기도입니다. 중보기도가 인류를 구원한 것입니다.

중보기도는 헌신이 필요합니다.

신앙생활하면서 누군가의 도움이 필요할 때가 있습니다. 나 혼자서는 신앙생활을 할 수 없습니다. 특히 위기가 찾아오면 가족이나 부부나 믿음의 친구들에게 기도를 부탁해야 합니다. 중보기도가 절대적으로 필요합니다.

지금 세상은 위기 가운데 있습니다. 감당할 수 없는 일들이 참으로 많이 일어납니다. 이러한 때에 누군가 날 위해 기도해 준다면 얼마나 큰 행복입니까. 내가 누군가에게 기도를 부탁할 수 있다는 것, 그 사람이 진짜 행복한 사람입니다.

그런데 내가 위기 속에 있어도 기도를 부탁할 사람이 없다고 한다면 얼마나 불행한가요? 만약 기도를 부탁할 사람이 없다고 한다면 어떻게 해야 할까요? 목자에게 부탁하길 바랍니다. 여러분을 위해 함께 중보기도할 수 있는 성도가 있다는 것. 그것도 큰 행복입니다.

모세의 중보기도는 정말 헌신적인 기도였습니다. 어떻게 보면 생명을 걸고 구했던 기도입니다. 오늘도 주님은 우리를 위해서 하나님 우편 보좌에 앉아서 중보기도를 하고 계십니다. 그래서 모든 문제는 예수 안에서 해결됩니다. 절대 절명의 위기 속에서도 오직 주님만이 역전의 기회를 만들어주십니다.

중보기도를 할 때는 반드시 사랑을 품고 해야 합니다.

진정한 중보기도자는 무엇을 가지고 기도를 합니까? 사랑을 품고 기도합니다. 사랑을 품고 기도하지 않으면 허공을 치는 기도가 됩니다. 모세는 눈물로 기도했습니다. 그 눈물은 사랑입니다. 그 사랑이 그를 중보기도자로 만들었습니다.

이스라엘 백성들이 정말 미웠지만 그들을 가슴에 품고 사랑으로 기도하는 중보기도의 사랑, 이 사랑을 통해 주님도 감동하셨습니다. 감동이 되면 역사가 일어나게 되어있습니다. 중보 기도자의 자격은 바로 사랑을 품고 주님 앞에 나가는 자입니다. 중보기도를 잘하지 못해도 관계없습니다. 응답은 주님이 하시기 때문입니다.

모세의 중보기도는 이스라엘 백성들의 생명을 다 건졌습니다. 하나님의 진노를 벗어나게 했습니다. 하나님이 용서해주셨고 다시 회복시켜주셨습니다. 하나님이 다시 백성들 앞에 구름기둥과 불기둥으로 인도해주시는 것을 볼 수 있습니다.

하나님이 그들을 축복하셨습니다. 이스라엘 백성들을 하나님의 영원한 선택을 받는 백성으로 다시 회복시켜주셨습니다.

중보기도는 나의 운명을 바꾸는 하나님의 축복입니다. 위기 속에서 기회로 만들어가는 축복의 도구로 사용됩니다. 어떤 열쇠로도 열 수 없는 문을 중보기도로 연 것입니다.

지금 내 신앙의 자리에 오기까지 거저 되는 것이 아닙니다. 누군가 여러분을 위해 중보기도 한 분들이 있습니다. 그 사람들 때문에 우리가 지금 이 자리에서 함께 예배드리고 있습니다. 보이지 않고 느끼지 않았지만 날 위해 중보기도 하는 분들이 있습니다.

목장은 성도들의 아픔과 위기 속에서 축복을 받아내는 현장이 되어야 합니다. 목장에 나가서 기도 응답을 받아 보길 원합니다. 그래서 간증을 할 수 있는 여러분 되길 원합니다. 중보기도는 축복을 앞당깁니다. 기도 중에 생각나는 사람은 모두 기도해 주길 바랍니다.

목원들은 목자들을 위해 중보기도해 주셔야 합니다. '누군가 널 위해'라는 찬양을 참 좋아하는데 가사를 보면 중보기도로 인해 살아난 사람의 이야기입니다.

당신이 지쳐서 기도할 수 없고
눈물이 빗물처럼 흘러내릴 때
주님은 우리 연약함을 아시고
사랑으로 인도하시네
누군가 널 위하여
누군가 기도하네
네가 홀로 외로워서
마음이 무너질 때
누군가 널 위해 기도하네

누군가 자기를 위해서 기도해줬을 때 어려움에서 건져 나온 것을 알기 때문에 이 사람이 가사를 썼습니다. 목자는 목원들을 위해서 목원들은 목자들을 위해서 기도해야 합니다. 이런 아름다운 중보기도의 채널이 이어질 때 어떤 위기에서도 해결됩니다.

결론 맺습니다.

사람들에게는 대부분 위기가 찾아옵니다. 그때 우리는 어떻게 해야 할까요? 지금 내게 어떤 위기가 있습니까? 어떤 것들이 내 인생의 위기라고 생각합니까?

취업위기, 금융위기, 부도위기, 가정불화, 신앙위기, 경제위기, 승진위기, 질병위기, 기타 등등.

만약 이런 위기가 찾아오면 어떻게 하겠습니까? 위기를 기회로 만들고 싶지는 않습니까? 하나님이 해결책을 만들어 주실 것입니다. 하나님만이 어떤 위기에서도 기회로 만들어주실 것입니다. 왜냐하면 예수님은 오늘도 우리를 위해서 중보기도하시기 때문입니다.

진주어로 설교하기

PART 9

Part 9.

진주어로 설교하기

'인간이 하나님을 알 수 있는가?'라는 질문에 사실 답이 없다. 영적인 세계를 4차원이라고 한다면 하나님은 사실 몇 차원에 존재하시는지도 인간은 알지 못한다. 이런 하나님을 설교자가 말한다는 것은 늘 오류를 범할 수밖에 없다.

그렇다면 인간은 하나님을 모르는가? 그러나 이 질문에 "아니다"라고 답을 할 수밖에 없다. 정확한 질문은 "어떻게 하나님을 알 수 있는가?"가 될 것 같다. 알 수 있는 방법은 하나님이 나타내고자 한 것만 우리는 알 수 있다. 하나님이 소개하지 않은 것들은 우리가 전혀 알 수 없다. 하나님이 보여주고자 한 것만 우리가 알 수 있고, 볼 수 있다.

그렇다면 설교자는 청중들에게 분명하게 하나님을 보여주어야 한다. 설교하는 가운데 하나님을 보여주지 못한다면 하나님이 통탄할 문제다. 하나님께서 나를 설교자로 세워놓았을 때는 하나님을 자랑하고 하나님을 소개하고 하나님의 방법을 말하고 하나님의 속성과 하나님의 심정을 청중들에게 분명하고도 확실하게 나타내길 원하신다. 그래야 청중들이 그 하나님을 만나고 험하고 험한 이 세상을 살아갈 수 있기 때문이다.

그러나 나의 설교가 하나님을 보여주지도 못하고 하나님을 자랑하지도 못했다고 한다면 내 설교가 청중들에게 달콤하게 들렸을지는 몰라도 내 자신은 하나님 앞에 머리 숙여 회개해야 할 일이다. 하나님은 그런 설교를 하라고 나를 설교자로 부르시지는 않았을 것이다. 이 시대에 하나님을 향한 뜻을 전달해 줄 수 있는 자로 나를 강단에 세워놓았다.

그렇다면 하나님을 나타내기 위해서는 먼저 진주어와 가주어를 이해할 필요가 있다.

설교에도 진짜 주어와 가짜 주어가 있다. 성경에서 진짜 주어는 누군가? 성경의 진주어는 하나님이다. 탁월한 설교자, 위대한 설교자의 설교중심은 진주어다. 진주어가 잘 안되니까 보통은 가짜 주어로 설교한다. 가주어는 성경의 인물이다.

예를 들어 다윗이 골리앗을 무너트리는 설교를 가주어로 한다고 하자.

> 다윗은 어릴 때부터 돌팔매질 연습을 많이 했다. 이렇게 연습을 많이 한 이유는 양들을 공격하는 짐승으로부터 빼앗기지 않으려고 최선을 다해서

양을 지키기 위해서이다. 그런데 그가 골리앗을 만났을 때 이미 그는 돌 팔매질에 익숙한 터라 그는 자신 있게 골리앗 앞에 섰다. 그는 자신 있었다. 하나님을 욕하는 저 골리앗을 내가 없애리라 하고 돌 다섯 개를 집고 골리앗 앞에 섰다. 돌을 하나 들고 골리앗을 향해 던졌다.

돌은 정확하게 골리앗 이마를 명중하고 그는 쓰러졌다. 다윗의 승리다. 그에게는 많은 돌이 필요가 없다. 한방이면 된다. 돌로 늘 연습한 결과다. 하나님도 이 승리를 기뻐하신다.

그러므로 우리가 다윗처럼 신앙의 연습을 하자! 우리도 하나님 앞에 욕을 하는 자들을 향해 기도의 돌을 던져서 쓰러지게 하자!

가주어 설교를 보았다. 그럼 이번에는 진주어 설교를 살펴 보자. 진주어 설교는 다르다. 설교의 초점은 다윗이 골리앗을 무너트리는 것에 있는 것이 아니다.

하나님은 골리앗을 무너지게 할 사람을 찾았다. 그 사람을 하나님은 다윗으로 삼았다.

하나님이 다윗을 선택해 놓았을 때 다윗은 하나님에게 붙들림을 받은 것이다. 사실 처음부터 다윗은 골리앗 앞에 나가고 싶어서 나간 것이 아니었다. 하나님이 그의 걸음을 인도해서 골리앗 앞에 서게 했다. 그가 자원한 것이 아니다. 하나님이 다윗에게 그렇게 할 수 있는 마음을 주셔서 그가 담대하게 선 것이지 그는 본래 담대하게 설 수 있는 사람도 아니다. 하나님이 얼마나 큰 배짱을 주었는지 모든 군사장비가 필요 없었다. 얼마나 키가 작고 왜소했는지 갑옷을 입을 수 없었고. 큰 칼을 들고 설 수도 없었지만 그럼에도 불구하고 하나님은 그를 사용하셨다.

다윗은 돌 다섯 개를 들었지만 하나님은 다섯 개가 필요 없었다. 하나님은 정확하게 돌멩이 하나로 끝나게 하셨다. 다윗 손에서 떠난 돌은 하나님이 잡고 가셨다. 그리고 하나님이 붙잡은 돌은 정확하게 골리앗 이마에 명중하였다. 하나님이 하신 것이다. 하나님께서 승리를 다윗에게 준 것이다. 그러므로 우리는 언제나 하나님을 바라 봐야 하고 그때 하나님의 승리를 알 수 있다.

첫 번째는 다윗 중심의 설교다. 두 번째는 하나님 중심의 설교다. 이것이 가주어 설교와 진주어 설교의 차이다. 하나님이 어떤 설교를 기뻐하실까? 설교자는 생각해봐야 한다.

모세시리즈 9편에서는 하나님의 방법과 속성 그리고 하나님의 심정이 무엇인지 전하고자 한다. 가데스 바네아 사건을 놓고 불순종이라는 주제만을 가지고도 설교할 수 있다. 가나안은 하나님이 백성들에게 주고 싶은 아름다운 땅이었다. 하나님은 그들에게 분명 보게 하셨다. 그 땅의 소산물과 기름진 것을 보게 하셨다. 하나님이 그 땅을 얼마나 주고 싶어 했는지를 보여주고 있다.

갈렙과 여호수아의 행동은 어떤가? 그들이 옷을 찢는다고 할 때 그들의 옷을 찢는 것이 아니라 하나님이 백성에게 하나님의 심정을 보여준 것이다. 하나님이 얼마나 답답했으면, 얼마나 안타까웠으면 옷을 찢고 외쳤겠는가. 이것은 여호수아의 말이 아니라, 갈렙의 생각이 아니라 하나님의 말이요 생각이다. 그들을 향해 하나님이 외치기 시작한 것이다.

'심히 아름다운 땅이라' 누가 한 말인가? 진주어로 할 것인가? 아니면 가주어로 할 것인가?

만약 가주어로 한다면 여호수아와 갈렙을 대단한 인물로 설교해야 한다. 그러나 진주어로 한다면 이것은 하나님의 간절한 외침이다. 저들에게 아름다운 땅을 주고 싶어 하는 하나님의 울부짖음이다.

'저들을 어떻게 출애굽했는데, 내가 그 땅을 주고 싶어서 이곳까지 데리고 왔는데…'

저들이 싫다고 할 때 하나님은 옷을 찢을 수밖에 없었다.

하나님은 계속해서 그들을 설득하기 시작한다.

"여호와께서 우리를 기뻐하시면 우리를 그 땅으로 인도하여 들이시고 그 땅을 우리에게 주시리라 이는 과연 젖과 꿀이 흐르는 땅이니라."

설교자는 이 본문을 잘 이해해야 한다. 가주어 설교와 진주어 설교가 어떻게 다른지 설교자는 알아야 한다.

하나님을 이해하지 못하는 자들을 향해 간절한 외침이 "다만 여호와를 거역하지 말라 또 그 땅 백성을 두려워하지 말라 그들은 우리의 먹이라 그들의 보호자는 그들에게서 떠났고 여호와는 우리와 함께 하시느니라 그들을 두려워하지 말라 하나 민14:9" 이 음성을 하나님의 음성으로 들어야 진주어로 설교를 할 수가 있다.

모세, 다윗, 아브라함을 이제는 가주어 시각이 아니라 진주어 시각으로 봐야 한다. 모든 사건에 진주어가 개입되어 있다. 성경 전체에 나오는 주인공은 진주어다.
그분이 하셨고. 그분이 인도하셨고, 그분이 이끌고 가셨다. 가주어는 하나님의 도구일 뿐이다. 가주어를 통해서 하나님의 역사를 나타낼 수 있는 설교자가 이 시대의 위대한 설교자일 것이다.

그렇다면 진주어는 모든 사건에 개입되어있다. 그분의 시각에서 조명해야 본문이 쉽게 이해가 된다. 진주어 관점으로 설교를 작성해야 한다. 진주어가 빠진 설교는 힘이 없다. 성도들에게 이해만 줄뿐이지 감동은 되지 않는다.
설교자가 분명히 알아야 할 것은 본문을 때로는 진주어로, 때로는 가주어로 나타내야 한다. 진주어를 나타나지 않고 가주어만 보일 때는 진주어를 찾아서 청중들에게 보여주어야 한다. 진주어를 보여주지 못하는 설교자는 고통 속에 있는 성도들에게 어떠한 해결도 줄 수 없다. 오히려 자책감만 들게 한다.
"나는 왜 그와 같이 살지 못할까?" 하는 자괴감이 들 것이다. 그러나 하나님을 보여줄 때 그 하나님을 보고 다시 일어서 당당하게 살아간다. 이것이 다른 것이다.

한 지역에서 똑같은 조건, 똑같은 상황에서 목회하지만 어떤 A라는 설교자는 성도들에게 즐거움을 주고, 기쁨으로 신앙생활하게 하지만 B라는 설교자는 성도들에게 기쁨보다는 늘 죄송하고 미안한 마음으로 신앙생활을 하게 한다.

내가 청중의 입장이라면 어떤 교회를 선택할 것인가? 어떤 설교자에게 청중이 모일까? 왜 A교회로 많은 사람들이 찾아가는지를 B라는 설교자는 반드시 분석해봐야 한다. 거기에는 분명한 이유가 있다. 목회는 프로그램이 아니다. 바로 목회자 자신에게 달려있다. 설교자라고 한다면 반드시 하나님을 보여주어야 한다.

*인간은 하나님을 만날 때 가장 감격스럽기 때문이다.
*인간의 진정한 존재 가치, 의미는 하나님을 만날 때 가능하다.
*잃어버린 하나님을 만날 때에 가장 큰 감동과 감명을 받는다.
*인간이 하나님을 만나면 세상에서 가장 행복해진다.

성도에게 가장 큰 축복은 성도가 보지 못하는 진주어를 보여줄 때이다.

이것이 우리 설교자들이 해야 할 몫이다. 진주어와 가주어를 알았다면 이제 설교 스타일과 설교중심이 진주어로 바뀌어야 한다. 그러면 위대한 설교자로 서게 될 것이다.

민수기 14장 1~10절

1. 온 회중이 소리를 높여 부르짖으며 백성이 밤새도록 통곡하였더라

2. 이스라엘 자손이 다 모세와 아론을 원망하며 온 회중이 그들에게 이르되 우리가 애굽 땅에서 죽었거나 이 광야에서 죽었으면 좋았을 것을

3. 어찌하여 여호와가 우리를 그 땅으로 인도하여 칼에 쓰러지게 하려 하는가 우리 처자가 사로잡히리니 애굽으로 돌아가는 것이 낫지 아니하랴

4. 이에 서로 말하되 우리가 한 지휘관을 세우고 애굽으로 돌아가자 하매

5. 모세와 아론이 이스라엘 자손의 온 회중 앞에서 엎드린지라

6. 그 땅을 정탐한 자 중 눈의 아들 여호수아와 여분네의 아들 갈렙이 자기들의 옷을 찢고

7. 이스라엘 자손의 온 회중에게 말하여 이르되 우리가 두루 다니며 정탐한 땅은 심히 아름다운 땅이라

8. 여호와께서 우리를 기뻐하시면 우리를 그 땅으로 인도하여 들이시고 그 땅을 우리에게 주시리라 이는 과연 젖과 꿀이 흐르는 땅이니라

9. 다만 여호와를 거역하지는 말라 또 그 땅 백성을 두려워하지 말라 그들은 우리의 먹이라 그들의 보호자는 그들에게서 떠났고 여호와는 우리와 함께 하시느니라 그들을 두려워하지 말라 하나

10. 온 회중이 그들을 돌로 치려 하는데 그 때에 여호와의 영광이 회막에서 이스라엘 모든 자손에게 나타나시니라

아름다운 땅

모세 시리즈 9

PW: 순종
MIW: 꿈과 소망

(예화_아몬드의 비밀)

마을버스가 지나가는데 어떤 정류장에서 할머니들이 우르르 많이 타셨습니다. 운전기사는 "아, 우리 할머님들이 아마도 관광을 가시나보다" 생각했습니다. 그런데 조금 이따가 할머니가 기사를 톡톡 건드리면서 "기사 양반 수고하지? 이것 좀 받아요"하면서 아몬드를 한 움큼 주시는 겁니다. 그래서 "어이구, 이렇게 비싼 거를 너무 감사합니다"라고 대답하면서 먹었습니다.

그런데 조금 이따 보니까 할머니가 돌아다니면서 무엇을 걷고 있었습니다. 그러더니 또 오셔서 아몬드를 주셨습니다. 그래서 "아이고, 감사합니다. 그런데 할머니 이렇게 귀한 것을 왜 안 드시고 저를 다 주세요?"라고 물었습니다.

그러자 할머니는 "아, 우리는 이가 없어서 아몬드를 못 먹어 초콜릿만 다 빨아먹고 아몬드는 기사 양반 준거야"라고 하는 것입니다.

주님은 우리에게 주실 때 항상 포장지를 뜯지 않은 것으로 주십니다. 주님은 늘 최고의 것으로 우리에게 선물해주시기 때문입니다. 주님은 절대로 먹다 버린 것, 빨아먹다가 남은 것을 우리에게 주지 않습니다. 한 주간 살아갈 때도 주님의 은혜를 많이 먹고 살아가는 여러분 되기를 바랍니다.

오늘 본문 말씀을 보면 이스라엘 백성들이 울고불고 난리가 났습니다. 밤새도록 통곡을 하고 밤을 지새웠습니다. 왜 그럴까요? 가나안을 앞에 두고 통곡을 하는 이유가 무엇일까요? 억울해서였습니다.

그들은 뭐가 억울할까요? 가나안은 하나님이 약속하신 땅인데 그 땅에 들어가지 못한다는 것입니다. 그곳은 심히 좋은 땅이었습니다. 하나님 말씀대로 그곳은 아름다운 땅이었습니다. 그들에게 그 땅은 꿈과 소망을 이룰 수 있는 장소였습니다.

그런데 그 땅에 들어갈 수 없다는 것에 대해 좌절하고 억울해 하며 울고 있습니다. 그들의 꿈과 소망이 깨져버렸다는 것입니다. 그렇게 기대했던 땅인데 들어가지 못해 너무 분한 것입니다. 오직 그 꿈을 이루기 위해 애굽에서 나왔는데 못 들어가게 되었다는 사실 앞에 억울해 하고 있습니다.

지금 이스라엘 백성들은 지형 상으로 가나안 밑에 있는 가데스 바네아라는 장소에 머물고 있었습니다. 가나안을 앞에 두고도 백성들이 모세에게로 와서 정말 멋진 제안을 합니다.

"우리가 가서 저 땅에 들어가기 전에 정탐을 해보자"라는 것입니다.

신명기 1장 22절을 보면, 우리가 어느 길로 가면 좋을지, 어느 성읍으로 들어가야 할지에 대해 파악해보자고 합니다.

22. 너희가 다 내 앞으로 나아와 말하기를 우리가 사람을 우리보다 먼저 보내어 우리를 위하여 그 땅을 정탐하고 어느 길로 올라가야 할 것과 어느 성읍으로 들어가야 할 것을 우리에게 알리게 하자 하기에

그들이 갖고 있는 기대와 소망을 과연 이룰 수 있는 땅인지, 정말 그 땅이 젖과 꿀이 흐르는 땅인지, 하나님이 약속하고 말씀하신 땅이 참으로 우리 땅인지 한 번 확인해보고 가는 것이 어떻겠느냐는 것입니다.

그래서 모세가 이스라엘 백성들에게 다 들어갈 수는 없으니 12지파 중 대표 1명을 뽑아 12명을 선발대로 보내자고 했습니다. 그 선발대들이 40일 간 정탐을 하게 되었고, 자세히 살펴보니 가나안 땅이 정말 너무 아름답고 좋은 땅이었습니다. 우리의 꿈과 소망을 이룰 수 있는 땅이었습니다. 그런데 들어갈 수 없다는 것입니다.

"그 사람들은 너무 강하고 우리는 너무 약해." 이렇게 결론이 나왔습니다.

그들이 결과를 보고하기 시작했습니다. 정말 그 땅은 꿈과 소망을 이룰 수 있는 땅이고 아름다운 땅이지만 거기에 가면 우리는 모두 죽는다는 것입니다.

그래서 우리는 잘 생각해봐야 된다는 것입니다.

"우리는 이 시점에 꿈과 소망을 접어야 합니다. 우리는 새로운 살 길이 필요합니다. 도저히 갈 수 없는 곳입니다"라고 이야기한 후에 보고를 마쳤습니다.

백성들은 충격에 빠졌습니다. 패닉 상태입니다.

지금까지 가나안에 대한 소망을 갖고 살아왔는데 그것이 깨져버린 것입니다. 그래서 그들이 생각한 것이 다시 애굽으로 가자고 결정을 내립니다. 아름다운 땅을 포기하자고 합니다. 어차피 이루지 못할 소망이라면 접자는 것입니다. 그렇다면 모세도 필요 없다는 것입니다.

우리가 새로운 지도자를 한 명 다시 세워 '애굽으로 가자!', '그곳에서 다시 꿈과 소망을 키우자'는 것입니다. 분명 이 계획은 하나님이 우릴 죽이려고 작정한 것이나 다름이 없다고 말합니다. 그러면서 하는 이야기가 "우리를 차라리 애굽에서 죽게 만들던지, 광야에서 죽게 만들었다면 얼마나 좋을까?"라고 후회하고 있습니다.

이해는 됩니다. 사람들은 어떤 기대를 잔뜩 품다가 그것이 사라지게 되면 많은 분노가 올라오게 되어있습니다. 꿈과 소망을 잃은 충격은 무엇으로 나타나요? 분노입니다. 감정 조절이 되지 않습니다.

이런 상황 속에서 하나님은 두 사람을 통해 말씀하시기 시작합니다. "여러분, 그 땅은 심히 아름다운 땅입니다. 젖과 꿀이 흐르는 땅입니다. 그 땅은 당신들에게 꿈과 소망을 만들어 줄 수 있습니다"라고 백성들을 향해 소리쳤습니다.

또 이야기 합니다. "그 땅은 하나님이 약속하신 땅입니다. 언약의 땅입니다. 축복의 땅입니다. 절대로 꿈과 소망이 깨진 것이 아닙니다. 사라진 것도 아닙니다. 이제 시작인 것입니다"라고 이야기했습니다.

이 말씀을 과연 사람이 했을까요? 아니면 하나님이 하셨을까요? 하나님이 사람의 입술을 통해 지금 말씀하신 것입니다.

12명의 정탐꾼의 공통된 의견은 아름다운 땅이라는 것이었습니다. 그런데 10명은 가지 말자라는 반대의견을 제시했고, 2명은 가야 한다는 찬성의견을 제시했습니다.

과연 누구의 말이 맞는 것일까요? 세상의 논리는 10사람과 2사람을 비교하면 10사람의 말이 맞습니다. 2사람이 잘못되었습니다. 그러나 10사람과 2사람에게는 분명히 다른 차이점이 있었습니다. 바로 10사람에게는 하나님이 없다는 것과 2사람에게는 하나님이 있다는 사실입니다. 이것이 완전히 다른 차이입니다. 이 차이는 엄청난 차이를 가져옵니다. 그것은 하늘과 땅의 차이입니다. 사느냐 죽느냐의 차이일 수도 있습니다. 행복이냐 불행이냐 차이입니다. 선과 악은 다릅니다. 하나님이 있고, 없고는 분명히 다릅니다.

갈렙과 여호수아가 백성의 행동을 보면서 옷을 찢기 시작했습니다. 백성들의 모습이 너무 답답했습니다. 옷을 찢지 않으면 견딜 수 없이 괴로웠습니다. 하나님 역시 그 백성들을 보시면서 정말 통탄한 마음을 가지고 가슴을 찢었습니다.

"내가 주려고 한 땅, 내가 너희들의 조상들과 약속한 땅, 내가 축복한 땅을 주고 싶어서 너희들을 애굽에서 이끌고 왔고 이스라엘 백성에게 꿈과 소망을 만들어주려고 이곳까지 인도해 왔는데 그들은 들어가지 못한다"고 가슴을 찢습니다.

하나님이 얼마나 답답해 하셨을까요?

그래서 하나님이 다시 한 번 강하게 명령하십니다.

"날 거역하지 말라"며 너희들은 귀를 기울이라고 말씀하십니다. 그들은 너희들의 먹잇감이며 너희들은 강자라고 말씀하십니다.

"나에게는 불가능한 것이 없다. 그들을 먹잇감으로 내가 만들어 주겠다."

그리고 말씀하십니다.

"그들의 보호자는 떠났다. 너희들의 보호자는 누구냐? 내가 아니냐! 바로 나다."

"애굽에서 종 되었던 너희들을 건져낸 나 여호와다."

내가 너희와 함께하며 그 땅에서 꿈과 소망을 이루게 해주겠다는 말씀을 듣고 난 후 이스라엘 백성들의 반응은 어떠했을까요? 돌을 들기 시작했습니다. 돌을 들어서 치려고 했습니다. 죽이려고 했습니다. 이렇게 맞는 말을 하여도 이미 다수가 결정되면 변경이 어려운 것입니다. 하나님의 뜻이 결정이 되어도 다수가 반대하면 이뤄지지 않습니다. 참 기가 막힌 현실을 우리는 보고 있습니다.

예수님은 이 땅에 오셔서 병든 자, 약한 자, 궁핍한 자, 더러운 자를 치유해주셨습니다. 그리고 많은 사람들에게 기적을 보여 주셨습니다. 예수님이 그들에게 말씀하시기를 "내가 인자로 온 것은 생명을 주러 왔다"고 말씀하셨습니다. 그때 많은 사람들이 아멘하고 뒤를 따랐습니다.

그러나 예수님이 빌라도 법정에 섰을 때, "이것은 아니다"라고 생각했지만 다수의 결정에 모두 예수님을 십자가에 못 박게 하자고 외쳤습니다.

그 중에 오병이어의 기적을 체험한 사람도 있었고, 치유 받은 자도 있었습니다.

지금 상황은 말도 안 되는 상황입니다. 당연히 반대를 해야만 합니다. 그러나 그들은 다수의 세력 앞에서 동조하고 있었습니다.

우리는 진리의 문제에 관해서는 절대로 양보하지 않기를 바랍니다.

많은 사람들은 꿈과 소망을 가지고 살아가고 있습니다. 그렇다면 꿈과 소망은 어떻게 이루어질까요? 바로 순종으로 이루어집니다. 순종이 꿈을 이룹니다.

우리가 갖고 있는 꿈과 소망은 이루지 못할 때가 더 많습니다. 변화무쌍한 인생 속에서 내 뜻이 이루어지기란 불가능한 것들이 많습니다. 그렇다면 꿈은 어떻게 이룰 수 있을까요? 순종으로만 이루어질 수 있습니다.

많은 사람들 모두가 꿈과 소망을 가지고 있습니다. 그런데 그 속에서 과연 몇 사람이나 자신의 꿈을 이룰까요? 대통령이 되고 싶다고 다 되나요? 아닙니다. 되는 방법이 있고 안 되는 방법이 있습니다.

내가 이루려고 하면 이루어지지 않습니다. 꿈과 소망은 내가 이루는 것이 아닙니다. 그러면 누가 이룰까요? 바로 하나님께서 하십니다. 하나님이 하시면 안 되는 것이 없습니다. 불가능한 것을 가능하게 하십니다.

하나님을 바라보지 않으면 당연히 이룰 수 없습니다. 하나님을 봐야 합니다. 하나님의 방법은 순종할 때, 가능하게 만드십니다. 하나님의 방법은 정탐하지 않고 그냥 올라가는 거였습니다. 그냥 들어가길 원했습니다.

그런데 정탐을 하니깐 오히려 두려워서 순종하지 못한 결과를 만들었고 결국 그들은 들어가지 못했습니다.

순종은 계산하지 않고 그대로 하는 것입니다.

많은 사람들은 순종을 비교하고 계산을 합니다. 그런데 계산대로 되지 않습니다. 백성들은 합리적인 논리로 모세에게 충동질을 시켰습니다.

"우리가 정탐이 필요하다."

여기에서 이미 불순종이 시작된 것입니다. 하나님의 의견은 확인할 필요가 없습니다. 순종은 확인해서 되는 것이 아닙니다. 내 계산에 맞지 않아도 하나님께서 우리에게 요구하시는 대로 할 때 꿈과 소망이 이루어지는 것입니다.

하나님은 아름다운 땅에서 농사짓고 좋은 집에 살고, 자식 낳고 잘 살기를 원하셨습니다. 보다 나은 환경 속에서 나를 잘 섬겨주길 원하셨습니다. 이것이 아버지의 뜻이었습니다. 아버지가 갖고 있는 것 모두 다 주시기를 원했습니다. 그런데 그들은 못 간다는 것입니다. 아버지에게 효도는 용돈을 주고 잘해주는 것이 아닙니다. 순종하느냐 불순종하느냐로 판가름이 납니다.

한국 최고의 지성 이어령의 딸 이민아 목사에 대한 이야기를 하고자 합니다.

그녀는 이화여대 영문과를 3년 만에 조기 졸업하고 미국에서 변호사가 되어 남편 K씨와 결혼을 하게 됩니다. 그녀는 꿈과 소망을 다 이루고 최고의 자리에 올라갔습니다. 그런데 결혼을 두 번이나 실패하게 됩니다. 또 암 선고를 받고 좌절하는 중에 둘째 아이가 자폐증을 판단 받았습니다. 그리고 그녀에게 또다시 위기가 찾아왔습니다. 그것은 실명위기입니다. 더 충격적인 것은 그녀에게 마지막이자 유일한 꿈이고 소망이었던 버클리를 다니는 큰 아들이 사망하게 된 것입니다.

그 현실을 바라보면서 그녀는 외쳤습니다. "이 현실 세계에는 꿈과 소망이 없구나."

그런데 친구가 찾아와 "이럴 때일수록 꿈과 소망을 찾아봐"라고 말했습니다.

그러자 그녀는 화를 내기 시작했습니다. 꿈과 소망이 있다면 증거를 대 보라고 했습니다. 그랬던 그녀가 예수님을 만나 통곡하며 부르짖기를 "순종만이 인생의 열쇠"라고 대답합니다. 그녀가 바로 이민아 목사입니다. (영상제공)

축복은 결국 순종이냐 불순종이냐에 따라 판가름이 나는 것입니다. 꿈과 소망을 이룬 사람은 누구입니까? 어떤 사람인가요? 순종했던 사람입니다. 바로 갈렙과 여호수아입니다.

불순종한 사람들은 결국 하나님이 약속한 젖과 꿀이 흐르는 축복의 땅에 들어갈 수 없습니다. 자기들이 들어가지 못한다고 이야기했기 때문에 결국 들어가지 못합니다. 들어갈 수 있다고 했던 사람만 들어갑니다.

무슨 차이가 있을까요? 바로 순종의 차이입니다. 순종할 때 축복의 선물이 내게로 오는 것입니다. 꿈과 소망을 이루는 유일한 도구는 바로 순종입니다.

내가 이루고 싶은 꿈과 소망은 무엇입니까? 그것은 불가능하다고 생각하고 있습니까? 아니면 그것은 현실에 맞지 않는다고 말하고 싶습니까? 아니면 지금 꿈이 깨진 상태입니까? 소망이 다 사라진 상태입니까? 내 입에는 원망과 저주만 가득합니까? 그렇다면 이 시간 회복해야 합니다.

우리 주님께 소망을 둘 때, 그 분이 이루십니다. 예수님이 이 땅에 오신 이유는 무엇입니까? 꿈과 소망이 깨졌다고 좌절하는 이들에게 꿈과 소망을 다시 주기 위함입니다. 예수 그리스도의 오심은 우리의 소망이요. 꿈입니다. 그 분이 우리의 삶에서 이루어주실 것입니다. 우리가 왜 순종하지 못합니까. 이스라엘 백성처럼 내 지식과 내 경험으로 하고자 하기 때문입니다. 갖고 있는 지식, 경험 내려놓고 순종의 계단으로 올라가서 하나님의 역사함과 은혜를 맛보길 바랍니다.

"두려워 말라 놀라지 말라 내가 너희와 함께 있겠다" 말씀하고 계십니다.

이스라엘 백성들은 꿈과 소망을 스스로 품은 것이 아니었습니다. 하나님이 그들에게 꿈과 소망을 주셨습니다. 그들은 꿈과 소망을 받았음에도 불구하고 내려놓았습니다. 우리는 주님께 소망을 두어야 합니다.

결론 맺습니다.

이스라엘 백성들은 가슴치고 통탄해야 할 일입니다. 분명한 것은 가나안은 그들에겐 꿈과 소망의 땅이었습니다. 이점은 다들 인정했습니다. 못 들어간다고 할 때 그들의 꿈과 소망은 산산조각 나기 시작했습니다. 지금까지 기대했기 때문에 힘들어도 참고 잘 견디어왔습니다. 오늘은 사막이지만 내일은 오아시스가 됩니다. 물을 마시게 될 것입니다.

정탐한 결과 무엇이라고 보고합니까? "그곳은 너무 아름다운 땅입니다. 정말 좋은 땅입니다. 그러나 못 들어갑니다"라고 말합니다.

그들이 알고 있는 지식 때문에 들어가지 못했습니다. 그들은 스스로가 꿈과 소망을 깨버렸습니다. 이유는 무엇일까요? 불순종입니다. 여기서 우리에게 주는 교훈은 간단합니다. 순종입니다. 순종은 축복입니다. 순종 하나만 잘해도 내 삶에 복은 가득할 것입니다.

'라인(Line) 설교에 대해서

PART 10

Part 10.
라인(Line)
설교에 대해서

설교에는 논리가 있다. 그 논리를 정의해 놓은 것이 라인**Line**이다. 라인은 하나의 선이다. 그 라인을 STP에서는 잘 정리해 놓았다.

Line1**L1**은 본문이다. 텍스트다. 성경구절이다. 성경 한 구절, 한 구절은 모두 L1이다.

Line2**L2**는 해설이다. 성경을 해설해 놓은 것이다. 성경을 자기 관점으로 본 것을 L2라고 한다. 운동경기 중에는 아나운서와 해설자가 있다. 아나운서는 늘 L1을 말하지만 해설자는 L2를 말한다. 예를 들어 축구선수가 공을 몰고 간다. 상대방 공격이 들어온다고 말하는 것은 L1이다. 그러나 해설자는 지금 저 선수는 공을 왼쪽으로 밀어서 오른쪽으로 슛을 할 것입니다. 이렇듯 아직 일어나지 않은 일이지만 해설자가 말하는 것이 L2이다.

Line3_{L3}는 해석이다. 본문을 헬라어나 히브리어로 해석했을 때 내용을 말한다. 또한 L3는 신학적 해석이다. 단어가 가지고 있는 뜻을 말하는 것이 L3에 속한다.

Line4_{L4}는 정의다. 오늘 내가 한 설교의 정의를 내리는 것이다. 이것이 설교의 영적 법칙이다. 이 법칙은 사회적 개념의 법칙이 아니라 영적인 법칙을 말한다. 예를 들면, "믿음은 자동차 연료와 같다. 왜냐면 자동차는 연료가 없으면 가지 않기 때문이다. 그렇다면 우리의 신앙생활에 꼭 필요한 연료는 무엇인가? 바로 믿음이다"라고 말하는 것이 L4이다.

L4는 설교에서 가장 많은 에너지가 나오는 부분이다. 강하게 외쳐야 하는 부분이 바로 이 L4이다.
모세시리즈 10편에서 행복의 정의를 한번 보자.

> '행복은 무엇인가'라고 질문했을 때 행복은 환경도 아니고 조건도 아니다. 행복은 예수 안에 있다. 이것이 행복의 정의다. 당신은 행복한 사람이다. 행복의 근거가 어디에 있느냐 할 때 바로 예수를 믿는 자들이 행복한 사람이라는 것이다.

이렇게 행복의 정의를 내려줄 때 청중들은 비로소 행복의 정의를 찾을 수가 있다. 모세는 본문에서 "너희는 행복한 사람이라고 말할 때 근거가 무엇이냐"라고 물으며 "너희는 하나님을 믿는 사람이기에 행복하다"고 말하고 있다. 이렇듯 행복에 대한 정의를 내려줄 때 청중들은 L4 설교를 이해할 수가 있다.

Line5L5는 적용이다. 오늘 이 설교를 듣고 어떻게 적용할 것인가 하는 것이다. 그렇다면 우리가 행복을 위해 어떻게 살 것인가? 예수 믿고 살아가는 것이 행복한 삶이다.

어려운 일을 겪고 힘들어 지칠 때도 우리는 행복이 없다고 말할 수 있겠지만 이미 행복은 내 안에 있다. 이미 우리는 행복의 주인공 되신 예수와 동행하고 있기에 환경이 행복을 좌지우지 못한다. 중요한 것은 내 안에 예수가 있느냐 없느냐에 따라 행복이 있고 없고를 말할 수 있다고 말할 때 이것이 적용이 된다.

Line6L6는 결단이다. 결단에 대해서는 모세시리즈 8편을 보면 이해할 수 있다.

다시 강조하고 싶은 것은 L4의 논리이다. 설교 중에는 반드시 L4를 말해야 한다. 시편을 보면 L4가 많이 나온다.

디모데후서 3장 16절에도 "모든 성경은 하나님의 감동으로 된 것으로 교훈과 책망과 바르게 함과 의로 교육하기에 유익하다"고 말씀하고 있다.

여기서 하나님의 감동으로 된 교훈이 L4이며, 바르게 함도 의로 교육함도 L4를 두고 하는 말이다.

"기도는 힘들다. 그러나 기도로 받는 축복이 그 힘든 것을 이기고도 남는다."

이것이 L4이다. 찬양도, 교회생활도 L4이다.

운전하면서 고속도로에 들어갈 때 이런 문구를 만난다. 안전벨트는 생명벨트다. 이것도 L4다. 세상에서 사용되고 있는 모든 언어는 L4가 많다.

"침대는 가구가 아니라 과학이다." 이 문구로 침대를 가구로 여기지 않고 과학으로 사람들을 이해시켰다. 이 광고로 침대의 판매 매출이 뛰었다고 한다. 모든 책에도 L4는 가득하다.

L4는 어떤 말의 결론이다. 설교자가 순종을 말하고 싶을 때 그 순종을 어떻게 말하느냐에 따라 성도들의 순종의 강도가 달라질 수 있다. 예수님께서 하신 말씀을 잘 생각해보면 거의 L4이다.

그렇다면 내 설교 가운데 빠지면 안 될 것이 바로 L4다. 설교에서 L4만 잘 해도 설교는 살아난다. 그렇다면 L4를 어떻게 구성해야 할까? 포인트 워드를 통해 L4를 끌고 가면 된다. 예를 들어 모세시리즈 10편에서는 '행복은 예수 안에 있다'라고 L4를 구성했다. 그럼 행복을 포인트 워드로 사용할 수도 있고, 예수를 포인트 워드로 사용할 수 있다.

행복은 감정이 아니다. 행복은 환경도 조건도 아니다. 그럼 행복은 무엇인가? 행복은 예수다. 왜냐하면 예수 안에는 행복이 있기 때문이다. 큰집에 살아도 부족함을 느끼고 살아간다면 불행이다. 그러나 예수 안에 붙들린 사람만이 행복을 말할 수가 있다. 예수 없으면 불행이 보이고, 예수 있으면 행복만 보인다.

이것은 L4이다.

L4에 대한 예제는 모세시리즈 1편에서부터 모세시리즈 11편까지 잘 소개해놓았다. 참고하면 충분히 이해가 되리라 생각한다.

신명기 33장 29절

29. 이스라엘이여 너는 행복한 사람이로다 여호와의 구원을 너 같이 얻은 백성이 누구냐 그는 너를 돕는 방패시요 네 영광의 칼이시로다 네 대적이 네게 복종하리니 네가 그들의 높은 곳을 밟으리로다

행복한 사람

모세 시리즈
10

PW: 행복
MIW: 꿈과 소망

(예화 _ 플라톤의 행복에 대한 정의 5가지)

플라톤은 행복에 대해 아주 그럴 듯한 5가지 조건들을 뽑았습니다.

첫 번째는 먹고 입고 살기에는 조금 부족한 듯해야 합니다.

두 번째는 모든 사람들에게 칭찬듣기에는 약간 부족한 듯한 외모여야 합니다.

세 번째는 자신이 생각하는 것 절반 밖에 인정받지 못한 명예를 가진 사람입니다.

네 번째는 남과 겨루었을 때 처음 싸운 사람에게는 이기고 그 다음 사람에게는 보기 좋게 실패하는 체력을 가져야 합니다.

마지막 다섯 번째는 연설을 했을 때 모든 사람에게 환호를 받는 것이 아니라 듣는 사람의 절반에게만 박수를 받을 때 그는 행복한 사람입니다.

지금 플라톤이 말하는 행복은 무엇입니까? 완벽해 짐에 따라 행복한 것이 아니라 도리어 부족한 것에서 행복이 따라온다는 것입니다.

누군가 나에게 "행복합니까?"라고 묻는다면 궁금한 것이 있습니다. 질문한 사람이 행복의 기준을 어디에 두고 내게 물었느냐 하는 것입니다. 왜냐하면 행복에 대한 기준이 질문자와 내가 서로 다를 수 있기 때문입니다.

어떤 사람은 권력을 가져야 행복하고 어떤 사람은 돈이 많아야 행복하다고 합니다. 이처럼 행복의 기준은 서로 다 다릅니다. 그러면 이런 것들을 다 소유했을 때 행복할 수 있을까라는 고민도 따라옵니다.

그러면 제가 한 번 여러분께 물어보겠습니다. "행복하십니까?"

이때 여러분은 어떤 답을 할 것입니까? 어떤 분은 "네" 또 어떤 분은 "아니요"라고 답할 것입니다. 그렇다면 여러분은 행복의 기준을 어디에 두고 "네, 혹은 아니오"라고 답한 것입니까?

'행복을 파는 곳'이라는 제목의 글을 본 적이 있습니다. 만약 이런 곳이 있다면 정말 대박날 것입니다. 행복을 백화점이나 마트, 편의점에서 살 수만 있다면 가게 앞에서 문 열기를 기다리고 있을 것입니다. 그러나 이런 가게가 있을까요? 죄송하지만 그런 가게는 없습니다. 어느 언론사나 방송, 어느 매체에서도 이러한 곳을 소개한 것을 본 적이 없습니다.

그러면 행복은 없습니까? 아닙니다. 있습니다. 참 신기한 일입니다. 행복을 파는 곳은 없는 것 같은데 행복은 있습니다. 그럼 어디에 있을까요? 이 또한 어디에 있다고 자신 있게 대답하기 어렵습니다. 왜냐하면 행복은 눈에 보이지 않기 때문입니다.

행복은 마치 숨바꼭질을 하는 것처럼 숨어있습니다. 그래서 많은 사람들이 이를 찾으려고 연구에 연구를 거듭합니다. 의학적으로 접근해 보고, 과학적으로 시도해 보고, 지식적으로도 알아 봤습니다. 그런데 공통적인 의견이 없습니다. 의사 나름대로, 과학자 나름대로, 지식인 나름대로 행복이 다 따로 있습니다. 이처럼 행복은 각자에 따라 다르기 때문에 정의를 내릴 수 없다는 것입니다.

어떤 사람은 "나는 어릴 때 바닷가에서 게 잡고 모래성 지으면서 놀던 시간이 제일 행복했어요"라고 합니다. 그럼 게를 잡고 모래성 지으면 행복하고 게를 잡지 못한 나는 불행한가요? 그것도 아닙니다. 이처럼 행복의 기준은 다 다릅니다.

어떤 박사도 행복의 정의를 내릴 수 없는 것입니다.

정의를 내릴 수 없다면 무엇일까요? 기준은 무엇일까요?

이 행복에 대해 성경은 정확하게 이야기하고 있습니다. 세상에서도 내리지 못하는 정의를 말씀에서 명확하게 소개하고 있습니다.

"너희들은 행복한 사람이라신명기33장29절"

이 말씀을 보면 행복은 누구에게 있다는 것입니까? 사람에게만 있다고 합니다. 모세는 이스라엘 백성들을 향해 너희는 행복한 자들이라고 정의를 내리고 있습니다.

그러나 이스라엘 백성들은 "웃기네, 광야 40년을 걸었는데 행복한 거야? 그럼 광야를 걸으면 다 행복한 거야?"라고 생각할 것입니다.

지금 이스라엘 백성들의 환경적 조건을 보면 광야를 걷고, 굶주리며, 목마

릅니다. 집도 없고, 궁상떨면서 사는 것, 갖은 고생을 하며 사는 것이 행복이
냐고 따져 묻고 있습니다.

> **TIP**
> 이스라엘 백성들이 문제제기를 하고 있다. 문제를 심화할수록 해결이 더욱 강하게 나타난다. 그리고 제기한 문제에 대해서 뒷부분에 가서 반드시 해결을 해 주어야 한다. 무엇으로? 하나님의 방법으로.

그러나 잘 생각해보길 바랍니다. 지금 모세가 정의하는 행복의 기준은 우리와는 다르지만 명확하게 설명하고 있습니다. 행복은 물질이 아니라는 것입니다. 환경도 아니라는 것입니다. 어떤 소유의 개념도 아닙니다. 그렇다면 행복은 무엇일까요? 행복은 하나님을 근거로 하지 않으면 존재하지 않는다는 것입니다. 맞습니다.

행복은 하나님과 내가 분리되면 행복해질 수 없다는 것입니다. 따라서 행복은 하나님께 조건을 두고 있습니다. 이 세상 누구도 행복을 줄 수 없고, 오직 하나님만이, 예수님만이 행복의 소유주로서 주실 수 있습니다. 다른 곳엔 없습니다. 하나님이 행복을 만드시는 분이기 때문입니다. 하나님만이 행복의 주인공이자 소유자이십니다.

내가 하나님을 소유하면 행복할 수 있는 조건과 근거가 그분께로부터 나옵니다. 많은 사람들은 하나님 말고 다른 곳에서 자꾸 행복을 찾습니다. 하지만 그런 곳에는 행복이 없습니다. 수많은 시도를 하여도 어느 곳에서도 찾지 못한 것입니다. 지금까지 찾아 헤매기만 하였습니다.

하나님만이 인간에게 행복을 주실 수 있습니다. 왜? 우리는 죄를 지음으로 인해 행복이 떠났기 때문입니다. 이로 인해 공허와 허무가 생기고 어떤 것에서도 만족할 수가 없었습니다. 가짜와 짝퉁에 만족할 수 있습니까? 절대 만족을 할 수 없습니다. 오직 진품을 소유해야만 만족할 수 있는 것입니다.

이처럼 하나님을 떠나서는 절대로 행복을 소유할 수 없습니다. 하나님을 다시 만나면 찾을 수 있습니다. 행복은 여기 있다, 저기 있다 해서 가보면 모두 가짜입니다. 절대 행복이 존재하지 않습니다. 왜? 사람이 만든 것이기 때문입니다.

사람들이 행복을 만들려고 우상을 만들었습니다. 하나님 대신 만들어 놓고 그 우상을 대신하여 만족하고 있습니다. 마치 짝퉁을 들고 만족하는 것처럼 대신 만족하고 있습니다. 그래서 수많은 사람들이 시도했지만 결말은 허무하게 끝나버렸습니다. 무언가 채울 수 있을 것 같지만 채우지 못하는 것입니다.

사람은 절대로 행복을 줄 수 없습니다. 사람은 오히려 우리에게 상처를 주곤 합니다. 그러나 하나님만이 행복을 줄 수 있습니다. 행복은 구원을 받은 자들을 향한 선물입니다. 구원은 하나님이 일방적으로 인간에게 주신 선물입니다.

그렇다면 구원이 무엇일까요? 죄와 사망에서 죽은 자가 영원한 생명을 소유하는 것입니다. 하나님이 당신을 구원했다고 하신다면 당신은 행복한 사람이라고 정의내릴 수 있습니다.

본문에서 하나님은 구원 받은 백성을 어떻게 하신다고 말씀하고 있습니까?

방패가 되어주신다고 합니다. 어떻게? "내가 너를 질병에서 막아주고, 어려움에서 너를 건져주겠다"고 하십니다. 그러면 이것이 행복 아닌가요?

하나님이 방패가 되어주신다고 한다면 어떤 것도 뚫을 수 없습니다. 이 세상에서 아무리 강력한 칼이라도 뚫지 못합니다. 또한 하나님께서 영광의 칼이 되어주신다고 하셨습니다. 어떤 공격에도 날 지켜주시겠다는 것입니다. 나를 보호해주시겠다고 말씀하십니다. 무엇으로? 영광의 칼로.

이것이 행복입니다. 내 인생을 주님께서 지켜주시면 세상이 정한 행복의 조건은 아무것도 아닌 것이 됩니다. 하나님은 구원받은 백성을 세상이 주는 공격에서 막아주시고 칼로 지켜주십니다.

하나님은 우리가 행복하길 원하십니다. 이 땅에 살면서 우리에게 행복주시기를 원하십니다. 자녀가 결혼해서 행복하게 사는 것을 부모는 원합니다. 어느 부모가 불행하게 사는 걸 원하겠습니까?

하나님은 이 땅에 사는 동안 우리가 누구보다 더 행복한 자로 살길 원하십니다. 예수님이 이 땅에 오실 때 삶이 힘들고 고통 속에서 허덕이면서 사는 자들에게 행복이 무엇인지 알려주셨습니다. 그래서 그 분을 만나는 순간 우리는 행복이 시작됩니다. 모두에게 하나님은 행복을 주셨습니다.

이렇듯 우리는 행복을 다 받았지만 누리는 것은 우리의 책임입니다. 그런데 행복을 받아 놓고도 누리지 못합니다. 그 행복이 무엇인지 지금도 깨닫지 못하는 분들이 많습니다.

왜 그럴까요? "행복은 감정이 아닙니다." 이것이 L4이다
행복은 감정으로 느끼는 것이 아니기 때문입니다. 행복을 감정이라고 우리가 이야기한다면 감정은 늘 변하기 때문입니다. 감정이 좋을 땐 행복하지만 나쁘면 불행한가요? 아닙니다.

모세는 이스라엘 백성들을 향해 당당하게 행복이 무엇이라고 이야기합니까? "너희들이 잘나서 행복한 것이 아니다. 너희들이 행복한 것은 하나님 때문이다. 너희 같은 백성을 하나님이 돌보셨다는 것이 행복이다"라고 말합니다.

> **TIP**
> 본문에서 문제를 제기한 것은 반드시 해결해야 한다. 앞서 광야 길을 걷는 것이 행복하냐고 이스라엘 백성이 문제제기를 했다. 그들은 행복을 환경으로 생각하고 절대로 행복해질 수 없다고 생각했다. 그러나 행복은 그러한 환경이 아니라 하나님으로부터 존재한다는 것을 언급해 줘야 한다.

광야를 걸을 때 구름기둥과 불기둥으로 지켜주시고 굶주릴 때 만나와 메추리로 채워주시고, 목말라할 때 반석에서 물을 내신 분이 하나님입니다.

너희가 집도 없이 정처 없는 생활 속에서 힘들어 하고, 어려워 할 때 내가 너희를 돌아보았다는 그 자체가 행복이라고 말씀하십니다. 너희를 누가 돌보았느냐? 돌아본 분은 오직 하나님이십니다.

<u>행복은 환경도 아니고, 조건도 아닙니다.</u> 이 부분이 L4에 해당된다.

옛날에 왕이 불치병에 걸렸습니다. 백방으로 노력을 해도 도저히 불가능했습니다. 그런데 방법 하나가 있었습니다. 세상에서 가장 행복한 사람의 속옷을 입으면 낫는다는 것입니다.

왕이 명령했습니다. 상금과 포상을 어마어마하게 걸고 행복한 사람이 입고 있는 속옷을 당장 구해오라고 참모들에게 명령했습니다. 왕보다 행복한 사람이 누가 있을까 고민하며 참모들과 신하들은 행복한 사람을 찾아 나서기 시작했습니다. 먼저 잘생긴 사람을 찾아가 "당신은 행복합니까?" 물었습니다. 그러나 "행복하지 않습니다"라고 답했습니다. 그 다음엔 지혜가 많은 사람에게 물어보았고, 장군에게도, 돈 많은 사람에게도 물었습니다.

행복을 느낄 수 있는 모든 사람들에게 찾아가 물어보았지만 행복하지 않다는 결론을 내리게 되었습니다. 분명한 것은 행복할 것 같은 사람들을 찾아갔는데 불행하다고 이야기하는 것을 보고 망연자실했습니다. 결국 신하들은 더 이상 찾을 곳이 없다는 것을 알고 실망과 좌절에 빠져있는데 어디서 가난한 목동이 노래를 부르며 오고 있었습니다.

그래서 신하들이 무심코 행복하냐고 물었습니다. "당신 행복하십니까?" 그런데 목동이 "행복하다"고 말합니다. 그래서 "와! 찾았다!"라며 목동에게 "상금과 상금을 원하는 만큼 줄 테니 속옷을 벗으라"고 했습니다.

그런데 목동이 말했습니다.

"저는 속옷이 없는데요. 우리 목동들은 속옷을 입지 않습니다."

이 이야기의 결과를 보면 행복한 사람이 아무도 없다는 것일까요?
아닙니다. 행복은 분명히 예수 그리스도 안에 있습니다.
행복이 예수 그리스도입니다.

세상에는 행복을 안내하는 지도가 있는데 그것이 바로 예수 그리스도입니다. 행복은 다른데 있지 않습니다. 길을 잃었을 때 지도가 있거나 방향을 제시할 무언가가 있다면 올바른 길로 나아갈 수 있습니다. 나의 삶, 나의 방향이 어디로 갈지 나는 모르나 나침반만 있다면 정확하게 찾아갈 수 있습니다. 예수님이 가는 길을 따라간다면 우리는 반드시 행복할 것입니다. 예수님을 믿는 그 순간부터 우리의 행복은 시작된다는 것을 깨닫길 바랍니다. 우리가 예수 그리스도를 영접할 때 우리는 사실상 행복이 시작되었습니다.

그런데 우리는 이 사실은 모르고 살아온 것입니다. 예수님이 나와 동행한다는 이 자체를 모르면 불행한 것입니다.

그러니까 '당신 행복하십니까?'라고 물어볼 때 예수님이 우리와 동행한다면 그것을 행복이라고 이야기할 수 있습니다. 행복은 다른 곳에 있지 않습니다. 예수님이 우리와 함께 시작했다는 것을 기억하길 바랍니다.

우리는 지금 행복에 대해서 정의를 내려 봐야 합니다. "행복이 무엇인가요?"라고 물을 때 답할 수 있어야 합니다. 행복하지 않다면 그 이유는 무엇일까요? 반드시 이유를 찾아야 합니다.

나를 엄습해 오는 시련과 어려움이 있어서 내가 행복하지 못한다고 한다면 그렇다면 행복한 사람은 아무도 없습니다. 우리 주변에는 늘 시련과 어려움이 있습니다. 그렇다면 내가 행복하지 않은 것은 만족할 만한 생활을 하지 못하기 때문인가요? 물론 많은 사람들은 이 세상에서 행복하기 매우 어렵다고 합니다. 아니, 힘들다고 말합니다. 그러나 예수 믿는 우리들은 느끼든 느끼지 못하고 있든 이미 행복과 동행하고 있다는 사실을 깨닫길 바랍니다.

(영상 _ 행복에 관한 영상)

예수 안에서 살아가면 우리 그리스도인들은 행복의 주인공입니다. 고난 속에서도 나에게 예수가 있는가 아니면 없는가에 따라서 행복은 달라집니다.

이번 한주간도 예수와 동행하면 여러분들은 행복의 주인공입니다. 그러나 주님과 동행함이 없다면 우리는 불행의 하수인이 됩니다. 힘들 때 내 손을 잡아주는 주님이 있다면 그 사람은 행복의 당선자입니다. 없다면 행복의 낙선자가 됩니다.

비록 내가 작은 집에 살아도 주님과 함께 잠 잘 수 있다면 나는 행복한 사람입니다. 큰집에 살아도 늘 부족함을 느끼고 있다면 그것은 불행한 사람입니다. 예수 안에 붙들린 사람만이 행복을 말할 수가 있습니다.

"예수님이 없으면 불행만 보이고 예수님이 있으면 행복만 보입니다."

메인 프레임에 대해서,

PART 11

Part 11.
메인 프레임에 대해서

프레임에는 여러 가지 유형이 있다. 그 첫 번째가 메인 프레임Main Frame이고 두 번째 단계가 서브 프레임sub Frame이다. 메인 프레임은 5단계로 나누고 서브 프레임은 15단계로 세부화 했다.

메인 프레임의 다섯 단계를 소개하면 다음과 같다.

메인 프레임 1단계M1는 마음 열기다.

대부분의 청중들은 설교를 들을 준비가 되어 있지 않다. 청중들의 시선과 분위기를 내가 원하는 데로 이끌고 가려면 마음열기가 필요하다. 많은 설교자들은 마음열기를 격려로 시작하는 분도 있고, 혹은 유머로, 시사적인 내용으로, 질문형으로, 어떤 사람의 간증으로, 도전적 내용으로 하는 등 다양하다.

메인 프레임 2단계M2는 성경의 문제제기다.

무엇으로 문제제기를 할 것인가? 인간의 고통, 눈물, 탄식으로 한다. 성경의 기록방법은 어떤가? 성경은 문제를 분명히 제기한다.

모세시리즈 11편을 참고해 보자.

네 하나님 여호와께서 40년 동안 네게 광야 길을 걷게 한 것을 기억하라! 그리고 마지막 부분에서는 너희가 먹을 것에 대해 모자람과 부족함이 없게 하겠다는 말씀이다. 이스라엘 백성의 입장에서 보자! 40년 정말 오랜 세월이다. 짧다면 짧고, 길다면 긴 시간들이다. 지금까지 많이 기다렸다. 이들에게는 가장 큰 고통의 시간이 될 수가 있었다. 아무도 알아주지 않았던 시간들이다.

조상들의 잘못으로 인하여 이들은 광야에서 계속적으로 맴돌고 또 맴돌았다. 가나안을 들어가지 못하고 40년 동안 살았던 세월은 참으로 아픔의 시간들이었다. 모세는 광야 40년이 마치 아무 일 없었던 것처럼 이야기하지만 이스라엘 백성들은 힘든 기간을 보냈다.

그들은 항상 모자랐다. 항상 부족했다. 먹을 것을 마음대로 먹어봤나, 마실 물을 제때 마셔봤나 항상 목마르다고 할 때만 물을 주셨지 광야에서 물을 먹기가 얼마나 힘 들었는가? 먹는 것도 그렇다! 매일같이 똑같은 만나 40년을 먹어봐라! 돈을 마음대로 써봤나? 마트 같은 곳에 가서 시장을 제대로 한 번 본 적이 있었나! 옷을 제대로 입어봤나! 편안한 침대에서 누워는 봤나? 고기를 마음대로 먹어봤나? 다 모자랐고 다 부족했다.

문제를 제기할 때 분명한 동기가 있어야 한다. 청중이 문제에 대해 동감을 안 하는 경우도 있다. 이럴 때 M2에서 동감하도록 유도하라. 문제제기를 하는 이유는 성경의 문제와 청중의 문제를 동일시해야 하기 때문이다.

메인 프레임 3단계M3는 문제해결이다. 2단계에서 문제되었던 모든 것을 하나님이 해결하신다. 문제가 깊으면 해결의 난이도가 높다. 그러나 문제가 약하면 해결 역시 약할 수 밖에 없다. 그래서 프레임 설교가 필요하다. 문제라는 프레임이 있어야 해결이라는 프레임이 강력하기 때문이다.

예를 들어 탕자의 비유로 간단하게 설명하면 이렇다.

> 탕자비유에서 M2, 문제제기를 살펴보면, 탕자가 떠났고, 흉년이 들었고, 돼지를 치게 되었고, 쥐엄 열매를 배고파서 먹게 되었고 심지어 '나는 여기서 주려 죽는구나'까지 떨어트린다.
> 문제제기를 확실히 보여준 후 진주어로 보여준 해결의 모습, M3는 다음과 같다.
> 아들이 거지가 되어서 돌아오는데 누가 먼저 알아보는가. 아들이 아닌 아버지가 먼저 발견한다. 여기서 해결이 끝나는 것이 아니라 성경은 해결의 방법을 구체적으로 소개하고 있다.
> 아버지가 그를 보고 측은히 여겼고, 달려가서 목을 끌어안았고, 입을 맞췄고, 종들을 시켜 제일 좋은 옷으로 입히고, 손에 가락지를 끼우고 발에

신을 신기고, 살찐 송아지를 잡고 잔치를 베풀었다.

예수님이 해결의 방법으로 7가지를 소개했다. 하나님 아버지의 심정을 우리에게 다 가르쳐준 것이다. 달려가고, 껴안고, 입 맞추고…

메인 프레임 4단계 M4는 적용이다. 2단계의 문제와 3단계의 해결이 곧 청중들에게 적용되어야 한다. 예화나 간증을 할 수 있고, 다른 성경구절도 함께 갖고 올 수도 있다. 여기서 포인트 워드가 구체적으로 나와야 한다. 모세 11편에서는 포인트 워드가 '말씀'이다. 말씀이 나의 부족함과 모자람을 채운다는 것이다.

적용이 중요한 것은 과거의 말씀이 지금 이 시대를 살아가는 청중들에게도 그대로 전하는 말씀이 되도록 하기 때문이다. 따라서 적용은 설교의 꽃이다. 설교의 에너지가 나오는 부분이 적용이기 때문이다.

설교의 목적도 적용을 말하기 위해서다. 설교는 누구를 위한 것인가? 청중이다. 그런데 많은 설교자는 자신들을 위해 설교한다. M2, M3에만 집중하다 보면 청중이 변하지 않는다. 설교를 20년, 30년 했는데 청중의 변화는 없고, 교회성장도 안 된다고 한다.

M4를 잘하지 않으면 교회가 성장하지 않는다. 대형교회 설교자들은 M4를 잘한다. 탁월한 적용을 가지고 청중들을 위로한다.

M2, M3에서는 하나님을 만나기가 어렵다. 청중의 문제를 해결하는 설교,

가장 중요한 설교는 M4이다.

메인 프레임 5단계 M5는 결단이다. 적용이 끝나고 결단을 내린다. M1-M4에서 나온 설교의 에너지를 가지고 결단시키는 것이 탁월한 설교자다.

적용과 결단을 목회적 안목으로 연결하라. 새벽기도회, 수요예배, 금요철야예배, 전도, 제자훈련 등이 있다.

그러나 결단은 조심해야 한다. 효과가 좋은 반면 독이 될 수도 있다. 어떤 목사님은 결단을 잘못했다가 교회에 큰 상처를 준 경우도 있었다. 설교자가 결단을 잘 이해하지 못했기 때문이다.

이렇게 메인 프레임은 다섯 단계이다. 그러나 이 다섯 단계로는 부족하다. 그래서 그것을 세부화 시킨 것이 바로 서브 프레임이다. 서브 프레임은 Bonus Tip으로 제공하겠다.

신명기 8장 2~10절

2. 네 하나님 여호와께서 이 사십 년 동안에 네게 광야 길을 걷게 하신 것을 기억하라 이는 너를 낮추시며 너를 시험하사 네 마음이 어떠한지 그 명령을 지키는지 지키지 않는지 알려 하심이라

3. 너를 낮추시며 너를 주리게 하시며 또 너도 알지 못하며 네 조상들도 알지 못하던 만나를 네게 먹이신 것은 사람이 떡으로만 사는 것이 아니요 여호와의 입에서 나오는 모든 말씀으로 사는 줄을 네가 알게 하려 하심이니라

4. 이 사십 년 동안에 네 의복이 해어지지 아니하였고 네 발이 부르트지 아니하였느니라

5. 너는 사람이 그 아들을 징계함 같이 네 하나님 여호와께서 너를 징계하시는 줄 마음에 생각하고

6. 네 하나님 여호와의 명령을 지켜 그의 길을 따라가며 그를 경외할지니라

7. 네 하나님 여호와께서 너를 아름다운 땅에 이르게 하시나니 그 곳은 골짜기든지 산지든지 시내와 분천과 샘이 흐르고

8. 밀과 보리의 소산지요 포도와 무화과와 석류와 감람나무와 꿀의 소산지라

9. 네가 먹을 것에 모자람이 없고 네게 아무 부족함이 없는 땅이며 그 땅의 돌은 철이요 산에서는 동을 캘 것이라

10. 네가 먹어서 배부르고 네 하나님 여호와께서 옥토를 네게 주셨음으로 말미암아 그를 찬송하리라

부족함과 모자람

모세 시리즈
11
PW: 말씀
MIW: 모자람과 부족함

(예화 _ 정기검진)

　질병은 초기에 발견되면 치료하기가 정말 쉽습니다. 그런데 문제가 있습니다. 질병이 초기에는 발견되기가 어렵다는 것입니다. 그런데 질병이 한참 진행된 후에는 발견되기는 쉽지만 치료가 어렵습니다. 고통도 많이 겪게 됩니다.

　그러면 방법은 무엇이 있을까요? 다른 것이 아니라 늘 점검을 해야 한다는 것입니다. 병원에 가서 늘 정기적으로 검진 및 체크를 해야 합니다. 그런데 많은 사람들이 '시간이 없다, 바쁘다, 귀찮다, 나는 병에 걸릴 리가 없다, 괜찮을 것이다'며 병을 점점 키워 놓습니다. 이렇게 되면 병은 고치기가 어려워집니다.

　송년 주일 왜 이런 말을 할까요? 우리 신앙도 점검이 필요하다는 것입니다. 한 해 동안 신앙을 늘 점검했던 사람들은 연말에 한해를 마감지어도 뿌듯합니다. 하지만 신앙 점검을 못한 사람들은 신앙의 병이 악화 되어 정말

고치기 어렵게 됩니다.

교회를 나와도 감동도 없고, 예수의 이름을 들어도 그냥 그렇다면 신앙에 큰 병이 든 것입니다.

초기에는 금방 고치기 쉽지만 오래되면 상당한 기간이 필요합니다. 신앙의 병이 들면 영혼에 병이 들기 때문에 치유함을 받으려면 오랜 기간이 필요합니다. 어떻게 보면 산통을 겪어야 하는 고통도 함께 수반됩니다. 그래서 신앙을 잘 점검하고 확인하기를 축원합니다.

우리가 올 한해 다짐하면서 지내야 할 것이 있는데 새해부터는 신앙의 체크를 수시로 하기를 바랍니다. 영혼에 병이 들지 않도록 나에게 신앙의 점검이 늘 필요합니다. 신앙의 점검만 잘 된다면 나의 심령이 늘 새롭게 살아갈 수 있는 좋은 한 해가 될 것입니다.

오늘은 신명기 8장 말씀입니다. 신명기는 모세가 이스라엘 백성들에게 마지막 고별 설교를 하고 있습니다. 이스라엘 백성들이 아직 가나안에 들어가지는 못했지만 이제 곧 모세의 설교가 끝나면 가나안에 들어가게 되어 있습니다.

그래서 모세가 이스라엘 백성들에게 꼭 하고 싶은 말이 있었습니다. 가나안에 들어가서 어떻게 살아야 하는지, 무엇을 해야 하는지 그리고 삶의 목적에 대한 근거는 무엇인지를 말해주고 싶었습니다. 모세는 이스라엘 백성들이 왜 살아야 하는지, 삶의 기초는 어디다 둬야 하는지를 너희들은 반드시 알아야 된다고 말씀하고 있습니다.

신명기를 한마디로 요약한다면 '너희들은 말씀대로 살고, 말씀대로 지키고, 말씀대로 행하고, 말씀을 붙들고 살아간다면 너희들은 복이 임한다'는 것입니다.

이 말을 압축한다면 '말씀으로 살면 복이 된다'는 뜻입니다.

신명기 8장에서 중요한 부분이 있는데 "너희들은 광야 40년을 기억해라"입니다. 모세는 이 말씀을 재차 강조합니다. 그리고 너희들이 가나안에 들어가면 모자람과 부족함이 없도록 하나님은 너희들을 위해 모든 것을 다 채워주실 것이라고 말씀하고 있습니다.

이스라엘 백성의 입장에서 봅시다. 광야 40년입니다. 참 오랜 기간이었습니다. 어찌 보면 짧다면 짧고 길 다면 긴 세월입니다. 이 긴 세월을 그들은 잘 버텨 왔습니다. 힘든 시간이었고 고통의 나날들이었고 아픔의 기간이었고 아무도 알아주지 않는 세월들이었습니다. 광야 40년, 인생 40년의 길은 탄탄대로의 길이 전혀 아니었습니다. 험난하고 버티기 힘든 한숨과 탄식의 광야 여정이었습니다.

그렇게 보내온 백성들을 향해서 모세는 광야 40년 세월을 아무 문제가 없었던 것 같이 말하고 있습니다. 이스라엘 백성 입장에서는 피해자였고, 갑과 을의 관계 속에서 그들은 을의 입장이다 보니 늘 모자란 것 같고 항상 부족한 것 같았습니다. 마음껏 먹지 못했고 물도 실컷 마시지 못했습니다. 이집트에서 갖고 나온 금은패물도 제대로 써 보지 못했고, 옷도 제대로 입어보지 못했으며, 심지어 잠자리까지도 편안하게 자보지 못했다고 한다면 모든 것이 부족했고 다 모자랐습니다.

오늘 우리가 송년 주일을 맞이하면서 우리 삶도 돌이켜보면 지난 1년 동안 무엇 때문에 그렇게 열심히 살아왔습니까? 열심히 살았던 이유는 무엇입니까? 모자람과 부족함을 채우기 위해서 최선을 다해서 살아왔습니다. 어떻게 보면 한 순간도 마음 편히 쉬지도 못하고 그저 아등바등 살아온 1년 아닙니까? 무엇 때문에 아등바등 살아왔습니까? 무엇 때문에 최선을 다하며 살았습니까?

결국은 우리의 부족함과 모자람을 채우기 위해서 열심히 살아온 것 아닌가요? 나는 최선을 다해서 열심히 살아왔는데 지금 와서 보니 아직도 무엇인가 부족한 것이 있지 않습니까? 무엇인가 더 채워야 할 것 같지 않습니까? 모자람을 채우기 위해 정신없이 한해를 뛰어 왔습니다.

지금 시점에서 보니 아직도 채워지지 않는 것이 있고 아직도 모자란 것이 많이 있습니다. 군데군데 다 비어있습니다. 채워야 할 것들을 아직 다 채우지 못했습니다. 지금도 모자란 것이 많습니다. 그 모자람을 무엇으로 해결할까 고민 아닌 고민을 가져봅니다.

우리가 현실적으로 생각해 봤을 때 어떤 것이 부족하고 모자란 것이 있습니까? 여러 가지가 있을 것입니다. 사람마다 다 다르기 때문입니다. 어떤 이는 1년 동안 열심히 뛰어다닌 이유가 돈이 부족해서 열심히 뛰어다녔을 것이고, 어떤 이는 몸에 병이 들어서 이 병원 저 병원 다니면서 건강 회복을 위해서 열심히 뛰어 다녔습니다. 어떤 이는 자녀가 속을 썩여서 그 문제를 해결해 보려고 열심히 뛰었습니다. 어떤 이는 부부 문제로 다투며 힘들어 할 수도 있었을 것입니다.

지난 1년간을 이렇게 힘들게 걸어왔는데 돌이켜 보니까 마음 아픈 것이 너무 많습니다.

그런데 하나님은 우리에게 동일하게 "너희들은 모자라지 않았고 부족하지 않았다"고 말씀하십니다. 하지만 우리는 이 말씀을 들었을 때 각자 다르게 반응합니다.

어떤 사람은 굉장히 힘든 1년이었고, 너무 긴 1년이었으며 견디기 힘든 세월이었으며, 또 어떤 사람은 참 좋은 한 해였다고 말합니다.

그런데 아직까지 해결하지 못한 것이 있고, 부족한 것이 있다면 우리는 어떻게 해야 합니까? 이렇게 모자라고 부족한데 또 우리가 광야 길을 걸어가야 된다는 것이 우리를 답답하게 만들고 있습니다. 우리에게 더 힘든 것이 있다면, 새해에 들어와서도 동일하게 힘들 것입니다. 지금도 모자라고 부족한데 앞으로 어떻게 해야 하나 의문이 들 것입니다.

하나님은 우리에게 부족하고 모자란 것들을 채워 주셔야 하는데 채워 주시지 않는다면 우리는 앞으로 어떻게 해야 할까요? 우리가 한 해를 보내면서 어떤 사람은 왜 아직도 광야에 서 있냐고 물어본다면 무엇이라고 대답해야 할까요? 왜 아직까지 힘들게 사는 것이냐고, 왜 아직까지 캄캄한 어둠 속을 걸어가는 것이냐고 물어본다면 무엇이라고 대답해야 할까요?

지난 1년 동안 왜 그렇게 힘들었습니까? 왜 그렇게 부족한 것이 많았습니까? 왜 그렇게 모자란 것이 많았습니까? 반문 할 수도 있습니다.

성경은 우리뿐만 아니라 광야 40년을 걸었던 이스라엘 백성들에게도 동일하게 말하고 있습니다.

"너희 마음이 어떤지, 너희가 내 말을 지키는지, 지키지 아니하는지 확인하기 위해서였다. 내가 너희를 시험하려고 했었다."

하나님께서 광야생활을 통해 확인해보고 시험해본 것은 나를 만드는 시간이었기 때문입니다. 나를 낮추는 시간이었습니다. 나를 확인하는 시간이었습니다. 물론 이스라엘 백성들에게 광야 40년은 힘들고 어려웠을 것입니다. 혹시 여러분도 힘들고 어려웠던 시간이 있었습니까? 그렇다면 역시 하나님이 여러분을 확인해 보는 시간이었음을 알길 바랍니다.

우리는 분명히 기억해야 합니다.

"광야 40년 동안 내가 너희들을 돌봤고 내가 너희들을 감싸고 보호하고 지켰으며 너희에게 힘든 시기인줄 다 알고, 아픔과 고통의 시간들을 모두 기억하고 있다"는 말씀을 우리는 기억해야 합니다.

"그동안 너희들을 절대로 모자라지 않게 했고, 너희들 쓸 것까지도 부족함 없이 채워주었다"고 말씀합니다.

지난 한 해를 돌이켜 봤을 때 고통과 힘든 시간이었다고 한다면 하나님은 우리에게 부족함이 없이 모자람이 없이 그때그때마다 채워 주셨음을 인정하기를 바랍니다.

내가 너무 많이 힘이 들었다면 여러분이 하나님 앞에 내가 교만하지는 않았는지 아니면 또 근심하게 만들지는 않았는지 생각해봐야 합니다.

하나님은 그들에게 다시 이야기합니다. "내가 너희들에게 먹을 것이 없을 때 먹을 것을 주었다. 비록 산해진미는 먹이지 못했지만 그러나 너희들을 굶기지는 않게 했다. 내가 너희들에게 비싼 옷은 입혀 주지 못했지만 너희들이 옷을 벗은 적이 없었다. 너희들에게 헐벗고 헤어진 옷을 입히지는 않았다."

내가 다 먹이고 입혔다고 말씀합니다. 너희들이 목마르다고 할 때 내가 너희들에게 물을 주었고 너희들이 고기가 먹고 싶다고 할 때 고기를 먹였다는 것입니다. 그래서 하나님이 광야 40년 동안 오랜 세월을 어떻게 지내왔는지 다 안다는 것입니다.

그렇다면 오늘 우리에게도 마찬가지입니다. 가장 힘들고 어려웠던 지난 한 해를 돌이켜 보면서 '나 정말 힘들었어!'라고 하지만 그 힘든 시기에 하나님이 함께 해 주셨습니다. 모든 것이 풍족하진 않았지만 우리들이 먹고 싶다면 먹을 것을 주셨고 옷이 헤지지 않도록 만들어 주었고 우리들을 위한 모든 것들을 다 하셨다는 의미입니다.

"오늘을 기억해라." 그 말씀은 무엇입니까? 광야 40년을 걸었던 그 이유는 "너희가 나에게 불순종하므로 얻은 결과"라고 말씀하고 있습니다. 너희들은 나를 믿지 않았다는 것입니다.

"내가 들어가라 했는데 너희들은 못 들어간다고 고집했고, 그 결과 1주일이면 들어갈 수 있는 길을 40년의 세월을 보낸 것이 아니냐. 결국 너희들은 나를 믿지 않음으로 인해 광야 40년의 세월을 걸어간 것이다. 그러니 광야 40년 절대 잊지 말아라."

불순종의 결과를 절대 잊지 말라고 말씀하십니다.

"반드시 기억해라! 너희들은 나를 경외하기까지 얼마나 걸렸냐? 그 기간이 믿음의 기간이다."

믿음의 기간이 40년이나 걸린 것입니다.

"이제는 알았으니까 내가 너희들을 아름다운 땅으로 들어가게 하고, 골짜기 마다 샘물이 풍성하게 나오는 장소인 가나안으로 너희들을 옮겨 놓고 이제는 더 이상 모자람과 부족함 없이 내가 채워주겠다" 약속의 말씀을 하십니다.

이 말씀이 여러분에게도 동일한 약속의 말씀이 되기를 바랍니다. 지난 1년 동안 우리가 힘들었고 어려웠지만 때때로 우리가 쓰러지고 넘어졌다 할지라도 하나님은 우리를 다시 일으켜 세우셔서 여러분의 길을 가게 만드실 것입니다. 우리에게 모든 걸 다 채워주지 않으셨지만 하나님은 우리에게 앞으로 다 채워주실 것이라고 말씀하십니다.

우리는 여전히 모자라고 부족하고 채워지지 않은 상황에서 새로운 한 해를 다시 시작해야 하는 두려움이 있습니다. 앞이 캄캄하며 삶이 막막해 지기도 합니다.

그러나 하나님은 우리에게 "내가 다시 1년을 새롭게 주겠다"고 말씀하십니다. 이스라엘 백성들이 이제까지 힘들고 어려웠지만 그러나 너희들이 가나안에 들어가면 부족함과 모자람 없이 채워주겠다고 우리에게도 동일하게 말씀하십니다. 지난 한 해 동안 힘들고 어려웠지만 이제 새해에 들어가서는 부족함 없이 모자람이 없이 채워주시겠다 약속하십니다.

새해는 기회입니다.

새해는 무엇입니까? 바로 기회입니다. 하나님이 내게 주신 기회입니다. 어떤 기회입니까? 다시 새롭게 부족함과 모자람 없이 채워주겠다는 약속의 기회입니다. 그래서 새해는 다시 나를 세워주시고 다시 채워주시는 시간입니다. 우리에게 새로운 한해는 기회입니다.

지난 한 해 동안 겪은 고통의 시간은 하나님께서 나를 만드는 시간이었습니다. 내 목을 낮추는 시간, 나의 교만함을 죽이는 시간, 내 목을 꺾는 시간이 바로 지난 1년이었습니다.

이제 하나님이 여러분에게 새해를 주셨습니다. 모자람 없이 부족함 없이 채워주시는 하나님을 경험하는 여러분 되기를 바랍니다. 하나님은 부족함 없이 채워주실 줄 믿습니다.

십자가는 우리에게 회복입니다. 한 해 동안 살면서 가장 어렵고 힘들었던 시간들이 있다면 십자가가 여러분의 삶을 회복시켜줄 것입니다. 모자란 곳에 부족한 곳에 십자가를 갖다 대기만 하면 채워주시고 부어주시고 흘린 눈물까지 닦아주시기에 십자가는 회복입니다.

그러면 우리에게 답은 하나입니다. 우리에게 부족함을 무엇으로 채우고 갈 것인가 생각해보길 바랍니다. 지난 한 해 동안 모자라고 부족하고 채우지 못한 것들이 무엇입니까? 어떤 것이 아쉽고 억울합니까? 하나님의 말씀을 붙들고 해결하기를 바랍니다.

말씀 속에 진리가 있습니다. 말씀을 들으면 살 수가 있습니다. 그러나 우리가 말씀을 듣지 못하면 죽습니다. 먼저 내 안에 말씀을 채워 넣길 바랍니다. 말씀을 먼저 채워 넣고 다음 것을 채워 넣어야 합니다.

"내가 채우리라! 내가 넘치도록 부어 주리라!" 이 말씀을 믿길 바랍니다. 하나님은 단 한 번도 식언치 아니하십니다. 말씀하시면 그대로 이루어 주시는 분이 하나님이십니다. 그분의 약속은 신실하기 때문입니다.

모자람과 부족함 때문에 우리가 1년 동안 얼마나 힘들고 어렵게 살아 왔습니까? 그 어떤 것을 채우기 위해 우리가 그렇게 뛰어다닌 것입니까? 예배 한 번 제대로 드리지 못하고 말씀 한 번 제대로 읽지 못하고 기도하지 못한 이유가 무엇입니까? 모자라고 부족한 것을 채우기 위해서 동분서주하였고 그곳에 정성을 다 쏟았고 최선을 다 했습니다.

그런데 하나님은 뭐라고 말씀하고 계십니까? 너희들이 원하는 것을 채우기 보다는 하나님이 원하시는 것으로 채우라고 하십니다. 그것이 무엇일까요? 하나님의 말씀입니다.

말씀으로 나를 채우기보다 내가 원하는 것을 채우기 위해서 최선을 다해서 정말 힘들게 1년을 살았습니다. 그렇다고 내가 원하는 것들을 채웠습니까? 안 채워집니다. 채워질 수가 없습니다. 채워지지가 않으니 우리는 늘 불만이 가득합니다.

그런데 우리가 하나님께서 원하시는 것으로 채우려고 전력 질주했다면 모자라고 부족한 것들은 아무 문제가 되지 않았을 것입니다. 우리는 뒤바뀌어 있습니다. 뒤바뀐 이 문제를 하나님은 오늘 우리에게 정확하게 정의를 내려주십니다.

"사람이 떡으로만 사는 것이 아니다. 하나님의 말씀으로 살아라!"

이스라엘 백성들이 이것을 깨닫기까지 40년이 걸렸습니다. 우리는 금방 깨닫기를 바랍니다. 우리는 40년까지 갈 필요가 없습니다. 이스라엘 백성들은 40년의 허송세월을 보냈습니다.

우리에게 부족한 것 모자란 것 무엇인가요? 먹는 것 입는 것 자는 것 아닌가요? 오늘 우리는 새해에 가서 말씀을 먼저 먹기를 축원합니다.

말씀으로 옷을 입길 바랍니다. 그러면 해결됩니다. 해결의 근본은 하나님이 원하는 것을 쫓아가기를 바랍니다. 갈림길에서 언제나 하나님의 뜻을 선택하면 젖과 꿀이 흐르는 가나안에 입성하게 됩니다. 광야에서 헤매는 여러분 되지 않기를 바랍니다.

그러면 말씀은 무엇인가?

<u>말씀은 채움의 약속입니다.</u>

세상에는 많은 종교들이 있습니다. 그 종교들 역시 좋은 말씀을 합니다. 그러나 그 말씀을 들어보면 거기에는 분명한 약속이 없습니다. 약속 같은데 분명치가 않습니다.

고행을 해라, 일천배 해라, 제사를 드려라, 공양을 드려라, 많은 요구를 하지만 분명한 약속은 없습니다. 그러나 하나님 말씀은 전부 약속입니다.

너와 나와의 약속입니다. 내 말씀대로 하면 모든 응답이 이루어진다는 것입니다. 하나님이 인간에게만 특별하게 주신 말씀입니다. 정확하게 표현하면 성경입니다. 성경에는 다 약속이 있습니다. 그런데 내 안에 말씀이 없으면 나의 부족함과 모자람을 채울 길이 없습니다.

말씀을 채워야 하는데 말씀이 도대체 무엇일까요?
말씀은 능력입니다. 말씀 안에 모든 것이 다 숨겨져 있습니다.
요한계시록 1장에 "하나님의 말씀을 읽는 자와 듣는 자와 그리고 지키는 자는 다 복이 있다"고 말씀하십니다. 말씀에는 우리가 생각지 못한 해결 방법을 소개하고 있습니다. 성경 말씀에는 기적도 치료도 살아갈 길도 부족함과 모자람도 채워주는 방법이 다 있습니다. 이것이 바로 하나님의 약속입니다. 내가 이렇게 행했으니 이것을 보고 읽고 듣고 믿으라고 합니다. 우리가 그 약속을 믿으면 우리에게 채움으로 가득하게 됩니다. 우리가 살아가면서 모자라고 부족한 모든 문제들까지 다 채워주시고 해결해 주십니다.

그러면 나는 무슨 말씀으로 채울 것인가가 중요합니다. 무슨 말씀으로 나의 부족함을 채워야 합니까? 하나님이 여러분에게 약속해 주신 말씀들이 분명하게 있을 것입니다. 말씀을 붙들고 살 때 의복이 헤어지지 않고, 발이 부르트지 않습니다. 또 아름다운 땅에 들어가서 골짜기마다 샘을 내고 밀과 보리와 그리고 석류와 과실나무로 모자람 없이 부족함 없이 채워주십니다.

우리에게는 성경이 있습니다. 말씀으로 무장하길 바랍니다. 말씀을 읽는 것으로 만족하지 말고 말씀을 먹길 바랍니다. 하루 한 장으로 시작하십시오!

하루 3장 주일은 7장을 읽으면 성경 1독을 하게 됩니다.

　말씀을 읽는 자가, 말씀을 먹는 자가 하나님의 약속을 지킬 수 있습니다. 배가 고프면 우리는 밥을 먹습니다. 육신이 배부르면 건강해집니다. 그러면 인생은 먹고 살기 위해 사는 건가요? 그것은 인생이 아니라는 생각이 듭니다. 육신이 건강하다고 다 건강한 건가요? 그것도 아닙니다. 우리에게는 영혼의 건강도 중요합니다. 우리에게는 신앙도 중요합니다. 육신은 잘 먹고 운동하면 건강할 수 있지만 영혼의 건강은 말씀으로 채우고 예배로 채워야 가능합니다. 육신의 건강만 챙기지 말고 여러분의 영혼도 건강하게 돌보길 바랍니다.

　그래서 서두에 한 이야기처럼 영혼이 병들려고 할 때에 초기에 빨리 고쳐서 회복하길 바랍니다. 성공이냐 실패냐는 말씀으로 정말 쫓아갔느냐 안 쫓아갔느냐에 달려있습니다.

　하나님 말씀으로 채워 육과 영이 건강해지고 부족함과 모자람 없는 채움의 역사가 여러분에게 나타나기를 소망합니다.

(영상 _ 레나마리아)

　설교를 마치면서 한 여인을 소개하려고 합니다. 이 여인은 1급 중증장애인으로 태어났습니다. 태어날 때부터 두 팔이 없었습니다. 한쪽다리는 30cm밖에 안됩니다. 오른쪽 다리는 정상이지만 왼쪽 다리는 장애입니다. 이 아이가 태어난 그 순간 부모의 마음은 어떠했을까요? 이런 현실 속에서 얼마나 힘들었을까요? 아픔과 고통 속에서 자녀를 키울 때 정말 어떻게 해야 되는지 몰랐습니다. '하나님! 내가 이 자녀를 어떻게 키울 수가 있겠습니까?' 하고 하나님 앞에서 처절하게 울부짖는데 그 때 주님이 오셔서 말씀해주셨습니다.

"강하고 담대하라. 내가 너를 도우리라."

부모는 이 말씀을 하나님의 약속으로 받았습니다. 약속의 말씀을 붙들고 사랑으로 자녀를 키우기 시작했습니다.

그때 부모의 고백이었던 부족함 없이 모자람 없이 키워달라고 했던 그 기도가 이루어졌다면 여러분은 믿을 수 있겠습니까?

이 아이가 나중에 수영선수가 되었고 화가가 되었으며 작곡가가 되었고 가수가 되었고 지휘자가 되었고 베스트셀러를 만들어낸 작가가 되었습니다. 140개 국가의 언어로 번역되어 베스트셀러의 책이 되었습니다. 지금도 강연을 하고 무대 위에서 하나님을 향한 찬양을 합니다. 이 정도면 두 팔이 없고 한쪽 다리밖에 없지만 모자람과 부족함이 다 채워진 것 아닐까요?

말씀은 약속의 언어입니다.
결론 맺습니다.

한해를 어떻게 보냈습니까? 개인적으로 만나서 한번 물어보고 싶습니다. 많이 모자랐죠? 많이 부족했죠? 또 어떤 분은 많이 힘들었을 겁니다. 이것은 우리뿐만이 아닙니다. 나만의 것도 아닙니다. 온 이스라엘 백성에게도 동일합니다.

오늘날 우리에게 약속을 주십니다. 올 한해도 부족했던 것 모자랐던 것을 이제는 하나님이 새해에 우리에게 채워주신다는 것입니다. 이것을 믿음으로 약속을 받아들이는 사람에게는 부족함과 모자람이 채워지는 역사가 일어날 줄 믿습니다. 그러나 이것을 믿지 않으면 우리에게 무엇을 줘도 우리는 채워지지 않을 것입니다.

이제 새해에 하나님이 다시 한 번 우리에게 새 날 새로운 기회를 주셨다는 것을 믿음으로 받아들이며 전진해나갑시다. "하나님이 우리에게 주신 큰 은혜로 한 해 동안 부족함 없이 모자람 없이 나를 살게 해주셨다"는 고백들이 내년에 송구영신예배에 있기를 축원합니다.

서브 프레임
(SUB FRAME)

Bonus Tip

Bonus Tip

서브 프레임
(SUB FRAME)

서브 프레임은 Sub Frame 은 메인 프레임 Main Frame 을 좀 더 확장시켜놓은 것이다. 메인 프레임 Main Frame 이 5개라면 서브 프레임은 Sub Frame 은 15개로 구체적으로 나누었다.

지금 소개하고자 하는 프레임을 설교자는 잘 이해해야 한다. 프레임이 무엇인지 모르거나 이해가 안 된 상태에서는 도리어 프레임이 혼란을 가져올 수 있다. 프레임을 이해하려고 집중해 주길 바란다.

프레임은 왔다, 갔다하면 안 된다. 유동성보다는 고정이 되어야 한다. 프레임은 늘 고정되어야 한다. 프레임은 세계관이기 때문이다.

설교자가 프레임적 사고를 갖고 성경 66권을 본다면 정말 다양하고 풍성한 내용들을 발견하게 될 것이다. 한 단어, 한 단어를 프레임으로 분석한다면 수많은 프레임으로 나눌 수 있다. 이렇게 다양한 내용들을 프레임이라는 그릇에 담고 설교를 구상하는 것이다.

똑같은 본문이라고 할지라도 프레임이 없는 설교자와는 전혀 다른 성경적 시각을 갖게 된다.

"설교의 프레임이란 내용을 담는 그릇이다."라고 프레임에 대해 정의내릴 수 있다.

내용물이 풍부하고 아무리 좋아도 그것을 담을 수 있는 그릇이 없다면 아무 소용이 없다. 프레임을 갖는 이유는 설교를 효과적으로 작성하고 전달하는데 있어서 기·승·전·결이 확실해지기 때문이다. 내용과 전달에 있어서 극대화의 효과를 주기 위함이다. 모든 성경본문과 구절은 다섯 개의 메인 프레임 안에 존재한다고 자신 있게 말하고 싶다.

어떤 설교자는 항상 서론, 본론, 결론 이러한 전개방식으로 구성한다. 또는 본론부분에 1대지, 2대지, 3대지로 나누어서 말씀을 구성하는 설교자도 있다. 이것도 역시 프레임 안에 들어간다. 그러나 이 책에서(STP이론)는 메인 프레임 안에 설교의 가장 핵심적인 기둥들을 담았다. 그 서브 프레임은 메인 프레임을 좀 더 세분화해서 이해하기 쉽게 만들어 놓은 것이다.

메인 프레임을 건물로 말하면 기초와 기둥에 해당된다. 설교 구상과 구성 역시 메인 프레임을 통해 서브 프레임을 만든다. 메인 프레임이 약하면 서브 프레임도 약할 수밖에 없다. 먼저는 메인 프레임의 기능과 역할을 익히고 숙달하게 되면 설교가 놀랍게 향상되고 있다는 것을 분명 체험하게 될 것이다.

기억하자! 서브 프레임은 메인 프레임을 도와주는 역할이다.

그렇다면 먼저 서브 프레임의 구조와 기능, 역할을 한눈에 살펴보자.

	M1	M2	M3	M4	M5
기능 역할	일반적 접근 성경적 접근	본문문제원인 제기와 발단과 인간적 고뇌	인간의 헌신과 하나님의 해결 방법과 축복	성도문제제기 헌신과 하나님의 해결	결단촉구와 결단의 구체적 행동과 복
	성도 마음열기	성경적 문제제기	성경적 문제해결	현 성도문제 해결	결단 내용과 복
S1	일반적 접근 성도의 마음 열도록 유머 또는 축복의 멘트	본문문제배경 사건 발단의 역사적인 배경 설명	문제 해결시작 인간노력과 헌신과 결단	성도 해결동기 성도의 고민과 성도의 헌신	결단의 필요성 결단의 내용 동참하도록 촉구
S2	성경접근과 주제와 관점 문제제기와 호기심	문제발생원인 사건발단의 직접적인 원인 갈등의 원인	본문 해결방법 하나님의 개입 문제가 풀리게 되는 방법 하나님의 방법	하나님의 개입 성도의 문제를 해결하는 하나님의 방법과 능력	결단의 방법 행동하도록 구체적 방법 제시
S3	성도적 접근 본문의 문제가 현 성도의 문제와 동일시되게 관심적 질문	문제심리묘사 인간의 갈등과 한계의 심리적 묘사	헌신자의 큰복 하나님과 PW로 문제 해결에 따른 복	성도의 더큰복 성도 문제해결 따른 복과 더 큰 복	결단의 축복 결단하고 행동하 면 더 큰복

여기서 서브 프레임의 개념을 조금 더 이해하고 가자!

메인 프레임을 논리적으로 풀어서 전개시켜놓은 것이 서브 프레임이고 그 논리를 정리하기 위해 만든 개념이 서브 프레임이다. 서브에서도 3단계로 나눈다. 그것을 S-1, S-2, S-3가 된다.

서브는 메인에서 말하고자 하는 내용을 구체적으로 전달하기 위한 것이다.

메인의 맛을 더욱더 맛깔스럽게 만들었다고 보면 이해하기 더 쉬울 것이다.

좀 더 구체적으로 들어 가보자!

이제 프레임이 무엇인가를 이해했다면 각 프레임에서 제공하는 역할과 기능에 따라 사고해야 한다. 이유는 관점을 주기 때문이다.

이제 프레임이라는 것을 잘 이해한다면 프레임이 주는 놀라운 효과를 매주 설교 때마다 경험하게 될 것이다. 설교를 위한 어떤 정보나 예화, 어떤 내용이든, 또는 목회적 관점이든, 어떤 의도적 설교이든, 프레임에 맞춰야 한다.

그럼 서브 프레임의 기능과 역할은 무엇인가?

프레임을 잘 활용하기 위해서는 각 프레임에서 전개되고 있는 역할을 먼저 이해해야 한다. 만약 기능과 역할에서 무너져 버린다면(다르게 사용될 때) 그 프레임의 효과를 기대해서는 절대로 안 된다. 프레임의 기능과 역할을 제대로 사용하지 못했을 때 오히려 논리에 맞지 않는 역효과를 불러올 수 있다.

그러므로 각 메인 프레임에서 소개하는 기능이 무엇인지 이해하고 서브 프레임도 잘 이해하면 설교준비, 설교작성, 설교전달, 설교내용 모두 만족할 수 있을 것이다.

M-1 기능과 역할

성도들에게 오늘 설교에 대해 집중할 수 있도록 신뢰감을 주는 기능이다. 성도들과 처음 교제가 이루어지는 순간이다. 여기서 첫 멘트는 하나님의 축복과 따뜻한 말, 격려하는 첫 마디가 필요하다.

S-1 성도의 마음 열기다 메인 프레임 참고. 유머를 하거나 성도들의 마음을 열도록 축복의 말씀을 전한다. 또한 일반적이고 상식적인 차원에서 접근하면 된다. 마음을 편하게 받아들일 수 있는 역할이라고 생각하면 좋다. 이 부분에서 시사적인 문제나 정치적인 문제는 절대로 금물이다 모세시리즈 5편 참고.

S-2 성도들로 하여금 성경의 관점을 갖도록 해야 한다. 성경은 무엇을 어떻게 말하고 있는지를 보여준다. 성경의 문제의식에 공감할 수 있도록 질문을 던지는 것이 좋은 접근이 될 수 있다. 그렇게 하기 위해서는 먼저 성경적 질문을 해야 한다.

"이삭은 뻔히 죽는 줄 알면서 어떻게 재단에 올라갔을까요? 왜 반항하지 않았을까요?"

성도들은 이 내용을 다 알고 있다. 그럼에도 불구하고 질문을 던짐으로써 궁금증을 만들어낸다.
"그래! 이삭은 아버지보다 힘이 좋은데 왜 순수하게 올라갔지? 그냥 저항 없이 죽으려고 했나?", "여러분 어떻습니까? 이상하지 않습니까?"

이렇게 오늘 본문에 관심을 갖도록 궁금증을 만드는 것이다. 이렇게 성경을 보고 질문을 할 수가 있어야 한다모세시리즈 2편에 참고. 성경적 주제와 관점에서 문제제기와 호기심을 끌어내야 한다.

S-3 여기 역시 질문이다. 그러나 이 질문은 성도의 문제로 만든 질문이다. 성경에서 제시된 문제와 성도들이 겪고 있는 문제를 동일시하여 궁금증을 만들어 내야 한다. 이곳에는 직접적인 적용보다는 간접적인 적용으로 만들며 오늘 설교에 관심을 갖게 만든다.

"오늘 이삭이 재단에 올라간 것처럼 우리도 죽는 줄 알면서도 올라가야 할 때가 있지 않습니까? 그때 우리는 어떻게 해야 하나요? 방법이 있을까요?"

간접적용으로 질문을 만들어내야 한다.

M-2 기능과 역할

성경 본문 내용의 문제나 문제의 원인을 증명해야 한다. 만약 주제 설교라면 그 주제의 문제나 원인이 증명되어야 한다. 성경에서 나타난 문제의 원인과 발생 원인을 심도 있게 제기해야 한다. 과거 성경시대의 문제를 충분히 설명하고 왜, 어떻게, 언제, 어디서, 무엇을 누가했는지를 분명하게 보여줘야 된다. 성도들에게 문제에 대한 의식을 갖게 하고 제기된 문제에 대하여 분명하게 알도록 제공한다.

S-1 성경 본문에 대한 배경 설명이다. 당시 문화적 배경이나 역사, 사회적 환경이나 또는 종교적 배경의 이해를 도모시킨다. 성경에 나오는 사건의 발단을 위한 단계이기도 하다.

S-2 성경에서 어떤 사건이 발생하게 된 동기와 원인이 무엇인지 찾아낸다. 찾아낸 문제로 인하여 발생되는 것을 집중적으로 다루어야 한다. 그때 그것이 왜 큰 문제인지, 무엇 때문에 중요한 문제가 되었는지 분명하게 성도들에게 인식되도록 한다.

S-3 지금 이곳에서는 성경에서 제기된 문제를 최대한 증폭시킨다. 한 사람으로 인하여 생긴 문제가 얼마나 큰 혼란과 좌절을 가져왔는지를 보여준다. 성경 속 인물의 심리적 측면을 충분하게 설명한다. 이것을 통해 인간의 무능력과 한계를 나타낼 수 있다.

M-3 기능과 역할

성경에서 제기된 문제들을 이곳에서 해결하는 기능이다. 프레임에서 이곳이 가장 중요한 역할을 한다. 기능적으로 절정에 도달하게 한다. 하나님이 그 문제를 어떻게 해결하시는지를 구체적으로 보여주는 역할이다. 성경의 문제들을 하나님께서 어떤 능력으로 어떤 은혜로 개입하셨는지를. 그리고 문제만 해결하는 것이 아니라 어떻게 복을 내려주셨는지를 확실하게 보여주는 기능이다.

S-1 성경 속 인물이 어떠한 신앙적 결단을 할 때, 성경의 문제가 해결되고

이를 통해 하나님께서 어떻게 역사하시는지를 보여준다. 성경의 문제가 가주어로 사용되어질 때, 하나님의 개입으로 문제가 해결되어지는 동기를 이곳에서 보여준다. 예를 들어, 성경의 인물이 기도하거나 또는 의지, 신앙적 헌신, 결단 등 인간이 극한 상황 속에서 하나님을 보고 찾아가는 가주어의 모습을 정확하게 나타내는 기능이다.

S-2 하나님이 어떻게 문제에 개입하시는지를 보여준다. 하나님의 위대한 능력과 권위, 하나님의 속성, 하나님의 방법 등을 자세하게 보여주는 기능이다. 하나님의 개입으로 가주어가 갖고 있는 모든 문제를 해결하는 기능이다.

S-3 여기서는 하나님이 문제 안에 개입하셔서 해결하고 나니 그것이 곧 복으로 바뀌는 것을 소개하고, 하나님의 크나큰 은혜는 복이라고 강조해야 한다. 즉 하나님께 내가 순종했더니 하나님은 이런 복을 주셨다는 것을 보여주어야 한다. 설교자는 성경 본문에서 나타난 문제만을 해결할 뿐 아니라 그것이 앞으로 일어날 미래와 현재, 과거에도 하나님이 동일하게 복을 주셨다는 것을 성도들에게 확신시켜주어야 한다.

M-4 기능과 역할

여기에서는 성경 본문에서 나타난 문제들이 현재를 살아가고 있는 청중들에게도 동일하게 나타나고 하나님의 해결도 역사하신다는 것을 보여주는 기능이다. 이곳에서 어떤 예화나 사회적 문제, 또는 간증도 사용할 수 있다. 지금도 살아계신 하나님을 만날 수 있다는 확신과 성경에서 나타난 문제가 현 성도들에게도 똑같은 문제라는 것을 인식시키고 그 해결은 오직 하나님이 하신다는 것을 소개하는 기능이다.

중요한 것은 M3에서 사용된 PW가 M4에서 동일하게 사용되어야 한다.

M3에서 나타난 위대한 하나님이 M4에서도 현재를 살아가는 청중들의 문제를 해결하시는 위대한 하나님으로 동일시시켜 경험하도록 한다.

여기서는 성경 속 인물에만 하나님이 역사하는 것이 아니다. 지금을 살아가는 성도들에게도 역사하시는 하나님을 보여주어야 한다. M3에서 역사하신 하나님이 "오늘 우리에게도 이렇게 역사하신다"라고 소개하는 것이 바로 M4다.

S-1 성경에서 제기된 문제가 성도들의 문제가 되었고, 그 문제가 어떻게 해결이 되었는지를 소개한다. 즉 가주어의 문제를 성도들의 문제로 만들어 놓아야 한다.

그렇다면 성도들의 문제를 여기서 제기해야 한다. 성도들은 다양한 문제 속에서 오늘도 신음하고 있다. 성도들의 문제를 실제적으로 접근해야 한다. 무슨 문제인지를 구체적으로 소개하고 성도들의 문제가 해결되도록 촉구해야 한다.

즉 하나님이 개입할 수 있는 원인과 결과를 만들어야 한다. 여기서는 두 가지로 접근이 가능하다. 인간의 노력과 하나님의 절대적 개입이다. 알미니안주의와 칼빈주의로 접근이 가능하다.

S-2 청중의 문제를 해결하는 하나님을 강조한다. 하나님이 어떻게 해결하시는지를 구체적으로 소개하되, 이미 M3, S2에서 소개한 하나님의 개입이

우리 성도들에게 동일하게 나타나게 해야 한다. 그러나 그 해결을 소개하는 데 있어서 구체적인 방법을 보여주어야 한다.

S-3 성도들의 현재적인 문제만 해결될 뿐 아니라 미래의 모든 문제도 해결할 수 있는 하나님으로 소개해주어야 한다. 여기서 하나님은 포인트 워드로 복에 복을 더하시는 모습으로 나타나야 한다. 성도들이 받을 복을 구체적으로 제시한다. 물질적이고, 육적인 복과 정신적인 복, 그리고 영적인 복으로 이어져야 한다. 작은 복에서 큰 복으로. 현재의 복에서 미래의 복으로.

M5 기능과 역할

설교에서 결단은 중요하다. 성도들이 설교를 들을 때에 또는 신앙적 행위를 하다가 신앙적 도전을 받을 때에 하나님의 뜻과 계명에 따르기로 행하는 신앙적 행위를 의미한다. 이러한 신앙적 결단은 성령의 도우심을 받아 인간이 결정하는 행위로서 '성화적 결단'이라고 할 수 있다. 이것은 신앙을 촉진하고 향상시키는 결정적 계기가 된다.

구원받은 자에게 꼭 일어나야 할 일이다. 그러므로 성도들은 결단을 통해 하나님과 개인적 교제를 하게 된다. 설교에서 결단은 가장 강력한 에너지가 나온다. 왜냐면 구원받은 자가 하나님의 음성을 들으면 신앙적 결단을 하고픈 마음이 들기 때문이다 모세시리즈 8편 참고.

하나님을 만나고자 한다면 기존의 죄악 된 생활과 유혹에 빠지는 생활을 변화시켜 신앙적으로 살도록 촉구하고 결단하도록 유도해야 한다. 결단을 해야 하는 이유 중 하나는 신앙의 성장과 성숙을 가져다주기 때문이다.

중요: M1에서 청중의 마음을 열어서 설교를 듣고 집중해야 할 필요를 전 개해야 하고,

M2에서 성경에서 제기된 문제를 집중적으로 조명하고,

M3에서 성경에서 제기된 문제에 인간의 헌신과 하나님의 개입으로 해결되는 것을 보여 주고,

M4에서 그 성경의 하나님이 현재 청중의 하나님이라는 사실을 강조하면 은혜가 고조된 청중들은 그런 하나님과 교제하고 싶고 그런 하나님의 능력의 도우심을 받고 싶어 한다.

M5에서는 이런 하나님과 교제하고자 한다면 신앙적 행동이 나오도록 해야 한다.

M1, M2, M3, M4에서 각 프레임의 기능이 잘 되어야 M5에서 폭발적인 설교의 에너지와 파워가 나타난다.

결단은 구체적이어야 하고 내용뿐만 아니라 방법적인 면에서도 행동 요령에 대해 구체적으로 설교자가 제시해야 한다. 그러나 결단을 무리하게 요구하면 목회적으로 힘든 위기가 올 수가 있다. 즉 하나님을 보여주지 못했다면 결단이 상대적으로 약화되어야 한다. 왜냐하면 결단은 부작용이 발생할 수 있기 때문이다. 생각해보자! 은혜 없는 결단은 무자비한 강요만 요구된다.

S-1 결단을 왜 하는지 분명한 이유를 밝혀야 한다. 그리고 결단의 내용은

무엇인지 함께 동참해 줄 것을 구체적으로 소개해야 한다. 즉 결단의 중요성과 필요성을 강조한다.

  S-2 결단의 방법은 어떻게 할 것인지 행동지침을 소개한다. 성도들에게 구체적으로 자세하게 제시하면 제시할수록 동참되어지기 때문이다.

  S-3 이곳은 결단했을 경우는 네게 어떤 복이 임하는지를 소개한다. 결단하는 것이 얼마나 큰 복인지도 강조해야 한다. 하나님은 결단한 자에게 큰 은혜를 베푸시는 것을 강조해야 하고 결단하는 삶을 살도록 격려해야 한다.

요한복음 4장 46~53절

46. 예수께서 다시 갈릴리 가나에 이르시니 전에 물로 포도주를 만드신 곳이라 왕의 신하가 있어 그의 아들이 가버나움에서 병들었더니

47. 그가 예수께서 유대로부터 갈릴리로 오셨다는 것을 듣고 가서 청하되 내려오셔서 내 아들의 병을 고쳐 주소서 하니 그가 거의 죽게 되었음이라

48. 예수께서 이르시되 너희는 표적과 기사를 보지 못하면 도무지 믿지 아니하리라

49. 신하가 이르되 주여 내 아이가 죽기 전에 내려오소서

50. 예수께서 이르시되 가라 네 아들이 살아 있다 하시니 그 사람이 예수께서 하신 말씀을 믿고 가더니

51. 내려가는 길에서 그 종들이 오다가 만나서 아이가 살아 있다 하거늘

52. 그 낫기 시작한 때를 물은즉 어제 일곱 시에 열기가 떨어졌나이다 하는지라

53. 그의 아버지가 예수께서 네 아들이 살아 있다 말씀하신 그 때인 줄 알고 자기와 그 온 집안이 다 믿으니라

문제가 축복을 만든다

> 서브 프레임
> 설교

M1S1 어느 날 티코를 운전하고 있던 아줌마가 빨간 신호등이 들어오자 차를 멈추고 기다리고 있었습니다. 그런데 옆에서 그랜저를 모는 아줌마가 멈춰 서서는 잘난체하려고 티코 탄 아줌마한테 껌을 짝짝 씹으며 물었습니다.

"언니, 그 티코 얼마 주고 샀어?" 그러자 티코 탄 아줌마 "별꼴 다보겠네" 하며 쌩하고 계속 달렸습니다.

어느 정도 달리다가 빨간불이 들어와 또 멈춰 서 있을 때 그랜저 탄 아줌마가 다시 멈춰 서서는 물었습니다.

"언니! 그 티코 얼마 주고 샀냐니깐."

티코 탄 아줌마는 다시 무시하고 쌩하고 달렸습니다.

또 빨간불. 티코 탄 아줌마가 멈추자, 그랜저를 모는 아줌마가 옆에 멈춰 서서 다시 물었습니다.

"언니! 그 티코 얼마 주고 샀냐고 물었잖아."

그러자 티코 탄 아주머니 왈.

"벤츠 사니까 덤으로 껴줬다."

세상에는 저마다 가진 것을 자랑합니다. 그리고 그것이 최고인 줄 알고 살아갑니다. 그러나 그것들은 언젠가는 다 내려놓는 날이 옵니다. 그러나 내려놓지 말아야 하는 것이 있습니다. 바로 예수 그리스도입니다. 그리스도인들은 그리스도를 붙잡고 있을 때 진정한 가치가 나타납니다. 이 가치는 세상에서도 인정하지만 하나님 앞에서는 더 크게 인정해 주는 가치입니다. 이런 가치를 누리며 살아가는 복된 인생 되기를 축원합니다.

M1S2 오늘 성경에는 왕의 신하가 나오는데 아들이 열병으로 병들어 죽게 되었습니다. 아들을 고쳐보려고 백방으로 노력했지만 고칠 수 없었습니다. 그런데 예수님 앞에 나와 고쳐달라고 했을 때, 예수님이 그의 아들을 고쳐줍니다. 그런데 예수님의 치료 방법이 다른 사람과는 다르게 고쳐주셨습니다.

주님은 사람을 보고 고쳐주시기도 하고, 아니면 안수해 주시기도 합니다. 그런데 왕의 신하는 말씀으로 고쳐주신다고 합니다. 왕의 신하는 예수님과 함께 가길 원했지만 예수님을 그렇게 하지 않고 고쳐주셨습니다. 왜 그랬을까요? 아니 어떤 점을 보고 고쳐주었을까요?

M1S3 오늘날 우리가 살아가다보면 경험하고 싶지 않은 문제를 만나게 됩니다. 이 세상을 보십시오. 아마 문제 없는 사람은 아무도 없을 것입니다. 문제는 우리가 전혀 생각지도 않았는데 뜻하지 않게 일어납니다.

예측했던 일도 아니고, 피할 수 있는 일도 아닙니다. 많은 문제들이 예수 믿는 사람에게도 자주 일어나고 있습니다. 예수 믿는 사람들은 세상 사람들과 좀 달라야 하지 않을까요? 문제가 생기지 말아야 하는데도 불구하고 예수 믿는 우리에게 문제가 자꾸 생깁니다. 그렇다면 어떻게 해야 할까요? 어려운 문제를 우리는 어떻게 풀어야 할까요? 이런 관점으로 서로 은혜를 나눌까 합니다.

M2S1 때는 예수님 초기 사역당시, 갈릴리 가나라고 하는 도시 아래 있는 가버나움에서 있었던 일입니다. 가버나움과 가나의 거리는 약 20마일(약 32km) 정도 떨어진 곳에 위치하고 있습니다.

그곳에는 왕의 신하가 살고 있었고, 많은 재산을 갖고 있었습니다. 로마사회에서 인정받았던 권력자로, 왕의 신하로 부족함 없이 살고 있었습니다. 한마디로 돈, 명예, 권력을 손안에 넣고 행복하게 살았던 사람입니다.

그런데 그의 인생에 문제가 찾아왔습니다. 어두운 그림자가 그의 인생을 덮었습니다. 자기 외아들이 그만 열병에 걸려 죽게 된 것입니다.

M2S2 세상에 좋다고 하는 약을 다 써보았고, 좋은 의사를 찾아서 치료를 했지만 병의 차도가 없었습니다.

날마다 아들의 고통을 바라보면서 어떻게 하면 좋을까 고민하며 세상적으로 해결해 보려고 했지만 방법은 없었습니다.

그렇습니다. 대부분의 사람들은 죽음 앞에 무력합니다. 생명은 오직 하나님께 달려있음을 인정해야 합니다. 생명을 권력으로, 물질로 해결할 수 없습니다. 이 세상의 문제를 해결할 자는 오직 예수님밖에 없습니다.

왕의 신하는 예수님이 가나에 계신다는 소식을 들었습니다. 예수라는 사람이 물로 포도주를 바꾸었다는 소문도 들었습니다.

믿음은 어디에서 옵니까? 들음에서 옵니다. 듣지 않고는 믿음이 생길 수 없습니다. 듣는 것이 중요합니다. 듣지 않고는 마음이 동요되지 않습니다. 듣게 될 때 마음이 움직입니다. 주님의 말씀은 중요합니다. 말씀을 듣는 것이 축복이기 때문입니다.

M2S3 왕의 신하가 예수님께 찾아가볼까 생각도 해보았지만 찾아가서 애원한다는 것이 쉬운 문제는 아니었습니다. 참으로 어려운 일이었습니다. 그때 당시 예수님은 사람들에게 알려지지 않는 사역 초기 상태였기에 아들의 죽음을 그분께 맡길 수가 없었습니다.

그러나 사랑하는 아들은 열이 너무 높아 사경을 헤매고 있습니다. 아비의 마음은 천 갈래 만 갈래로 찢어지는 듯한 고통을 느꼈습니다. 아들을 위해 아무것도 할 수 없는 자신의 무능함을 한탄해야만 했습니다. 아비의 심정은 "차라리 내가 아팠으면" 하며 그 죽음을 대신하고 싶었습니다. 아들의 신음소리를 들으며 아비는 절규합니다.

"아들아 안 돼, 죽으면 안 돼. 죽어도 내가 죽어야지."

열이 펄펄 끓고 고통과 신음 속에 누워있는 아들 앞에서 고백합니다.

"하나님! 아들을 살려주십시오!"

하나님이 때로는 문제를 허락하십니다. 그리고 그 문제를 통해 역사하길 원하십니다. 아무리 어렵고 힘든 상황이라도 하나님이 허락하신 고통은 해결될 수 있습니다. 그럼 왜 이런 고통을 주시는 것일까요? 그 고통을 통해 하나님의 기적을 보여주기 원하시기 때문입니다.

M3S1 드디어 왕의 신하는 예수님 앞에 믿음으로 나갑니다. 도저히 해결할 수 없는 문제를 가지고 예수님을 바라보며 나아갑니다. 상황을 보면 절망할 수밖에 없지만 절망 속에 믿음하나 붙들고 예수님께로 나갔습니다.

많은 사람들은 문제를 만나면 고통스러워하며 쉽게 포기하고 좌절하고 주저 앉습니다.

절망을 선택하면 당장 편합니다. 쉽습니다. 그러나 절망은 모든 것을 포기하게 만듭니다. 절망 속에 빠져들면 모든 소망의 문은 다 닫힙니다. 한번 닫힌 문은 열 수 없습니다.

그러므로 주님이 주시는 소망을 붙잡아야 살 수 있습니다. 이 소망을 붙잡을 수 있는 것은 무엇입니까? 믿음입니다.

왕의 신하는 무엇을 붙잡았습니까? 문제를 믿음으로 붙잡았습니다. 믿음은 절망과 슬픔의 문제를 하나님의 손길로 덮는 것입니다.

어떤 문제 속에서 믿음의 끈을 잡으면 그 끈 안에 해결하고자 하시는 주님의 역사를 볼 수 있습니다.

왕의 신하는 믿음의 줄을 잡았습니다.

"주여 내 아이가 죽기 전에 내려오소서."

믿음으로 간청했습니다. 죽게 된 아들을 살려줄 것을 요구했습니다.

예수님은 "너희들은 표적을 보지 않으면 믿지 않는다" 말씀하실 때도 "아닙니다. 주님만이 살릴 수 있사오니 내려오소서"며 왕의 신하는 믿음으로 간절히 간청하고 있었습니다.

믿음은 죽어가는 사람을 살립니다. 이때 믿음은 물러서지 않는 것입니다. 후퇴하지 말아야 합니다. 믿음은 오직 전진하는 것입니다.

왜냐하면 믿음은 자기 기분에 따라 하는 것이 아니라 하나님이 주시는 확신으로 하는 것이기 때문입니다.

이러한 믿음을 위대하다고 합니다. 주님을 믿는 사람은 항상 위대합니다. 주님을 믿는 사람은 기적을 봅니다. 역사를 봅니다. 은혜를 봅니다.

M3S2 하나님은 믿음을 가진 자의 문제를 그냥 버려두지 않습니다. 하나님은 믿음을 가진 자를 기뻐하십니다. 믿음을 가지고 나온 자를 절대로 외면하지 않습니다. 하나님은 믿음을 가진 자를 언제나 만나주십니다.

하나님의 말씀을 그대로 믿고 돌아가는 왕의 신하에게 기적으로 응답해 주십니다. 기적은 보고 믿는 것이 아닙니다. 보지 않고 믿는 것이 믿음입니다.

유대인들은 표적을 보고 믿길 원했지만 하나님의 사람들은 표적을 보고 믿지 않습니다.

하나님은 지금도 살아계십니다. 하나님은 믿음을 통해 살아계심을 나타내고 있습니다. 어떻게 나타내고 있습니까? 기적을 나타내고 있지 않습니까? 하나님의 일들은 놀랍습니다.

절망 속에서 믿음만 있으면 절망이 소망으로 바뀝니다. 믿음을 통해 소망의 문이 활짝 열리게 됩니다.

왕의 신하가 믿음으로 외칠 때, 하나님은 그를 외면하지 않고 역사하셨던 하나님이십니다. 그 하나님이 여러분의 아버지가 되십니다.

거의 죽게 된 상태, 멸망 속에서 사라져 버릴 수밖에 없는 상황, 이제는 모든 것이 끝났다고 종치며 막을 내려야 하는 순간 속에서, 하나님의 개입이 시작되었습니다. 하나님은 아무도 도와줄 수 없는 상황까지 몰아갑니다. 왜 그러셨을까요? 그 사람이 하나님만 의지하도록 만들기 위해서입니다.

왕의 신하도 처음부터 믿음이 있었던 것은 아닙니다. 그가 믿음을 잔뜩 안고 온 것이 아니라 하나님께서 그에게 믿음을 주셨습니다. 그가 믿음을 가질 수 있도록 소문을 듣게 하셨습니다. 그리고 그 믿음을 가지고 주님 앞에 간청하도록 역사하신 것이 하나님 아버지이십니다. 주님만 보도록 하신 분이 하나님이십니다. 하나님 아버지만 의지해야 합니다. 하나님은 마지막 순간까지라도 믿음을 지키는지 보길 원하십니다.

하나님은 구원입니다. 하나님은 해결자입니다. 하나님은 능력입니다. 하나님은 도움이십니다.

M3S3 하나님은 믿음을 가진 자에게 축복으로 임했습니다. 하나님은 믿음을 가진 자를 축복해 주길 원하십니다. 우리가 구하는 것보다, 생각하는 것보다 더 좋은 것을 주길 원하시는 하나님 아버지이십니다. 우리는 은을 구

했지만 하나님은 금을 주시는 하나님이십니다.

왕의 신하가 믿음으로 나갔더니 어떤 복을 받았습니까? 먼저 사랑하는 외아들이 죽음에서 건짐을 받는 복을 받았습니다. 그리고 온 가족이 구원을 얻는 축복을 받았습니다. 가족 전체가 예수를 믿는 가정이 되었습니다. 초상집에서 기쁨이 가득 찬 가정이 된 것입니다. 이것이 하나님의 놀라운 축복입니다.

믿음으로 얻어진 축복은 평생 잊혀지지 않습니다. 왜냐하면 그 하나님의 축복을 마음 판에 깊이 간직하고 새겨놓았기 때문입니다.

M4S1 오늘날 우리 역시 이 땅에 살아가면서 경험하고 싶지 않은 문제를 만나게 됩니다.

얼마 전 자신의 성공을 TV에 나와서 소개한 김태연 권사의 이야기를 하고자 합니다. 그녀의 나이는 예순이 넘었습니다. 생일은 정월초하룻날 음력으로 1월 1일 새해 첫날에 태어났습니다. 남자가 이 날짜에 태어나면 팔자가 좋다고 하지만 여자는 팔자가 사납다는 말이 있습니다.

많은 친척들과 함께 조상들에게 제사를 지내려고 할 때 그녀의 어머니는 아기를 낳으려고 산고를 하자 모든 어른들은 기대하며 좋아했습니다. 산파를 불러놓고 집안에는 경사가 났습니다. 이런 경우가 드물기 때문에 할아버지와 많은 친척들은 조상이 주신 선물이라고 잔뜩 기대하고 있었던 것입니다.

그런데 그만 딸을 낳게 되었습니다. 순간, 그녀의 아버지는 재수 없다며 산모가 먹어야 할 미역국을 땅에 엎어버렸습니다. 그때부터 김태연 권사님은 구박받기 시작했습니다.

어머니에게도 아버지에게도 "이 재수 없는 X, 나가 죽어라" 소리를 귀가 따갑게 들었고, 고등학교 다닐 때까지 피멍이 들어서 학교를 갈 수 없는 정도로 맞았다고 합니다.

하루는 아버지가 어머니와 누이를 때리는 것을 보고 남동생이 아버지를 말렸습니다. 그런데도 아버지가 계속 때리자 그만 남동생이 아버지를 구타하게 되었습니다. 그날 저녁 남동생은 "누나 나는 패륜아야. 아버지를 두들겨 팼으니 나는 세상에 살 가치가 없는 인생이야" 하고 농약을 먹고 자살했습니다.

얼마나 비참한 인생입니까? 어디 그것뿐입니까? 미국에 가서 결혼도 했습니다. 그러나 엄청난 시집살이로 인해 유산을 3번이나 하고 이혼까지 당했습니다. 부서지고 깨어진 인생이었습니다. 아무도 돌봐주는 사람이 없는 그런 인생이었습니다.

그러나 그녀에게 유일한 소망, 하나님이 계셨습니다. 비록 모진 인생이지만 하나님이 돌봐주시면 성공할 수 있다는 믿음을 가지고 살았습니다.

"하나님이 나를 쓰실 줄 믿습니다. 하나님이 나를 통해 역사하실 줄 믿습니다."

지금 김태연 권사는 미국에 100대 기업 안에 드는 기업가가 되었습니다. 미국 아이들 아홉 명을 입양해 자식처럼 키우고 있습니다. 1980년대 빌게이츠가 컴퓨터 윈도우시스템을 만들어 낼 때, 컴퓨터 업계에 뛰어든 벤처 회사로 성공한 억만장자가 되었습니다.

성공비결을 묻는 사람에게 김 권사는 말합니다.

"성공하고 싶으면 하나님을 향한 믿음을 가지고 나가라."

고통의 문제가 있습니까? 그렇다면 이 문제를 어떻게 해결할 것입니까? 왕의 신하는 이 엄청난 문제를 어떻게 해결했습니까? 믿음이었습니다.

왕의 신하가 믿음을 가지고 나갈 때 아들이 깨끗하게 나음을 입었던 것과 같이 우리의 문제도 믿음으로 깨끗하게 나음을 입을 수 있습니다.

믿음으로 나가 예수님께 고백하십시오. 그 고통의 문제를 예수님 손위에 올려놓으십시오. 문제의 해결자 되시는 예수님께 믿음으로 드려야 합니다.

하나님은 우리에게 풍성한 열매로 주시는 것이 아니라 풍성하게 맺을 수 있는 재료를 주시는 것입니다. 그 재료가 무엇입니까? 믿음입니다. 우리의 믿음이 우리의 삶을 풍성하게 만들 수 있습니다.

믿음이 없는 사람은 표적만 보려고 합니다. 믿음이 표적을 만들 수 없습니다. 믿음의 끈을 붙잡으십시오, 그것만이 우리의 문제를 해결할 수 있는 놀라운 해결책입니다.

가정에 문제가 있습니까? 사업에 어려움이 있습니까? 희망이 없다고 하지 말고, 이제 여러분이 믿음으로 주님께 나갈 때 입니다. 주님께 나가면 모든 문제는 도망가게 되어 있습니다.

M4S2 주님 앞에 믿음으로 나가면 주님은 여러분의 모든 문제를 해결해 주십니다. 믿음으로 나온 자를 주님은 빈손으로 돌려보내지 않습니다. 그 손에 해결책을 쥐어주어서 보내주시는 분이 바로 주님입니다. 이것이 주님의 마음

입니다. 주님은 우리를 사랑하십니다. 믿음으로 나온 자를 하나님은 사랑해 주십니다. 예수님이 가장 기뻐하시는 것은 믿음입니다. 주님을 믿으십시오. 그분께 온전히 의지하십시오. 하나님을 의지하고 나가면 우리의 어떤 형편과 어려움 속에서도 믿음을 보시고 정확하게 역사하시는 분이 바로 우리 주 예수 그리스도입니다.

왕의 신하에게 "가라, 네 아들이 살았다" 말씀하신 것처럼 오늘 우리에게 "가라! 너희 문제가 해결되었다"고 하십니다. 이것을 믿으면 해결된 것이고, 이것을 믿지 못하면 해결이 안 됩니다.

가라는 뜻은 무엇입니까? 우리에게 편안히 가라는 것입니다. 내가 해결해 주었으니 걱정하지 말고 가라는 것입니다. 우리에게 필요한 것은 믿음뿐입니다.

하나님은 정확하신 분입니다. 하나님은 우리의 삶 속에서 정확한 시간에 개입하시고, 정확한 방법으로 역사하십니다.

잘 생각해 보길 바랍니다. 왕의 신하가 요구하는 대로 주님은 역사하지 않았습니다. 왕의 신하는 주님과 함께 내려갈 것을 요구했지만 주님은 더 위대한 방법으로 고쳐주었듯이 우리 삶의 모든 문제는 우리의 방법으로 해결되어지는 것이 아니라 주님의 뜻대로 주님의 방법대로, 주님이 원하는 대로 해결해 주십니다.

주님은 우리의 기쁨입니다. 행복입니다. 즐거움입니다. 축복이십니다. 믿음을 가지고 나가길 축복합니다.

M4S3 믿음을 가지고 나온 여러분을 주님은 고개 돌리지 않고 오히려 자

랑스럽게 여기며 축복해 주길 원하십니다. 여러분이 가지고 있는 문제들이 하나님 앞에 축복의 도구로 바뀝니다. 믿음을 가진 가정은 언제나 문제될 것이 없습니다. 그 문제를 통해 하나님께서 역사하시길 기다리고 있습니다. 믿음으로 슬픔을 기쁨으로 만들어 나가는 여러분 되길 소망합니다.

절망 속에 찾아와 여러분을 축복해 주고 싶어 하는 주님께 믿음으로 나가길 바랍니다. 여러분이 믿음으로 나가면 어떤 축복을 주십니까? 먼저는 문제가 해결되어지는 축복입니다. 마음에 평안을 얻는 축복입니다. 생활이 궁핍하고 어려운 상황 속에서 부유를 누리는 축복입니다. 믿음을 통한 축복은 헤아릴 수 없습니다. 많은 신앙의 영웅들은 믿음으로 축복을 받았습니다. 믿음으로 사는 것이 중요합니다.

믿음이 생명을 살렸습니다. 위대한 기적을 보았습니다. 삶의 고통과 문제를 믿음으로 쫓아내고 승리하며 축복받는 여러분 되기를 바랍니다.

M5S1 여러분 이런 믿음을 소유하고 싶지는 않습니까? 믿음은 저절로 자라지 않습니다. 우리의 믿음이 자라기 위해서는 새벽기도를 해야 합니다. 물론 새벽기도는 힘듭니다.

믿음을 갖고 나아갔던 김태연 권사님, 그리고 왕의 신하, 모두 힘들다고 포기하지 않은 것은 바로 믿음이 있었기 때문입니다. 그 믿음은 자식이 죽느냐 사느냐의 목숨이 달린 믿음의 싸움이었습니다.

우리가 새벽에 일어나는 것이 힘들다고 새벽기도를 포기해야 하나요? 아닙니다. 우리의 자녀들이 지금 영적으로 죽어가고 있습니다. 내가 새벽에 엎드려서 기도해야 자식의 신앙이 살아난다면 우리는 새벽기도를 놓쳐서는 안 됩니다. 붙잡아야 합니다. 왜냐하면 그것이 믿음을 잡고 나가는 유일한 길이기 때문입니다. 새벽에 나와 믿음의 끈을 잡고 문제를 해결받길 바랍니다.

믿음의 끈을 어디서 잡을 수 있습니까? 새벽기도 나오셔서 잡길 바랍니다. 물론 새벽기도 안 나오다 나오게 되면 하루 종일 졸립고 힘들 것입니다. 어떤 분은 비몽사몽이라는 표현도 합니다. 맞습니다. 얼마나 힘든지 모릅니다. 그러나 영적인 부분에서는 반드시 축복을 받습니다. 비록 육신은 힘들다고 하지만 영적으로 자유하고 행복할 것입니다.

M5S2 새벽기도 작정하고 나오려 한다면 이렇게 하십시오!

우리 교회 새벽기도는 5시30분에 시작합니다. 그렇다면 교회와 우리 집의 거리는 얼마인지 먼저 확인해야 합니다. 만약 20분 걸린다고 하면 내가 일어나는 시간을 4시40분으로 해야 합니다. 일어나서 씻는 시간과 옷 입는 시간도 있기 때문에 준비할 시간까지 맞춰놓고 주무셔야 합니다.

그리고 전날 저녁부터 기도해야 합니다. '주님! 내일 새벽에 일어날 수 있도록 도와주세요.' 기도하고 주무십시오! 알람도 핸드폰에 3번 정도 맞추어 놓습니다. 4시40분에 한 번, 4시43분에 한 번, 4시45분 한 번. 이렇게 세 번 알람이 울리도록 해놓고 주무셔야 새벽에 일어날 수 있습니다.

그리고 같은 구역 식구나 아니면 새벽기도에 잘 나오는 성도님에게 또는 권사님에게 전화로 깨워달라고 부탁하고 주무시면 거의 실패가 없습니다.

혹시 그것도 안 된다고 하는 분들은 물을 많이 드시고 주무시면 자동으로 새벽에 깹니다.

M5S3 이 시간 결단하는 시간을 가져봅시다. 결단은 내가 하나님 앞에 드릴 수 있는 마음입니다. 오늘 이 시간 결단하고 나가는 분들은 믿음의 용사가 될 것입니다.

새벽을 깨우는 사람이 주님의 능력을 보게 됩니다. 홍해는 남들 자고 있는 새벽에 갈라졌습니다. 우리가 소유해야 할 믿음을 언제 잡습니까? 새벽에 잡는 것입니다. 새벽에 일어나 믿음을 잡는 사람은 생명을 잡은 것입니다.

그러나 결단하지 않으면 우리는 매일 매일 종이호랑이처럼 살아가게 됩니다. 자그마한 두려움에 덜덜 떠는 약한 그리스도인으로 살아가지 말고 백두산 호랑이처럼 살아가길 축복합니다. 그렇다면 지금 이 시간 두 눈을 다 감길 바랍니다. 그리고 이번 한 주간 내가 새벽기도 나오겠다는 분들만 조용히 자기 손을 가슴에 대고 계십시오. 좋습니다. 그렇습니다. 결단한 분들을 하나님이 보고 계십니다. 감사합니다. 이제 눈을 뜨길 바랍니다.

손을 내리고 우리 한 번 따라 합니다. "새벽은 이제 우리의 것이다." 하나님께 영광의 박수 올려드리길 원합니다.

결론 맺습니다.

오늘 왕의 신하는 자기가 원하는 것은 예수와 함께 가는 것이었습니다. 그래서 간절히 청했습니다.

"주님 내려오소서."

그러나 주님은 그 방법대로 역사하지 않으셨습니다. 주님은 언제나 주님의 방법대로 역사하십니다. 주님의 방법은 무엇이었나요? 말씀으로 역사하는 것이었습니다. 우리의 문제도 주님은 우리의 방법대로 역사하지 않습니다. 주님 뜻대로 역사하시고 주님의 방법대로 하십니다.

주님이 "네 아들이 살았다"고 할 때 왕의 신하는 그 말씀을 그대로 믿고 내려갔습니다. 믿음은 슬픔을 기쁨으로 만들어 놓습니다. 믿음이 생명을 살렸습니다. 모든 인간의 고통과 어려운 문제를 믿음으로 승리하길 축복합니다.

STOP AND START
위대한 설교자가 되는 길

초판 1쇄 발행 _ 2018년 6월 28일

지 은 이 _ 김선혁
펴 낸 이 _ 유성헌
펴 낸 곳 _ 하야Book
책임편집 _ 전민주
교   정 _ 유한나, 조신규, 최은혜
디 자 인 _ 이현종
표지디자인 _ 박미소

주소 _ 서울 양천구 신월7동 995-7번지 302호
주문 및 문의 전화 _ 070-8748-4435, 010-2811-4435
팩스 _ 02-2065-6151
하야BOOk 계열사 _ 하야방송 www.ichn.or.kr

출판 등록일
ISBN 978-89-968031-8-8

- 이 책은 저작권법에 따라 보호받는 저작물이므로 무단전재와 복제를 금지하며 - 이 책의 내용의 전부 또는 일부를 이용하려면 반드시 저작권자와 하야Book의 서면 동의를 받아야 합니다.

Copyright@2018 김선혁
※ 잘못된 책은 구입하신 곳에서 교환하여 드립니다.
※ 책 가격은 표지 뒷면에 있습니다.

하야Book은 문서사역을 통해 하나님의 나라를 확장하고 복음전파를 통해 하나님 말씀으로 사람을 살리는 일을 하고자 설립된 출판사입니다. 하야(Chayah)의 뜻은 히브리어로 '살다, 회복시키다, 구원하다, 소생하다, 부흥하다'의 의미가 있습니다.

국립중앙도서관 출판예정도서목록(CIP)

Stop and start : 위대한 설교자가 되는 길 / 저자: 김선혁.
— [서울] : 하야Book, 2018
304p. 15.2 x 22.5cm

ISBN 978-89-968031-8-8 03230 : ₩12000

설교학[說教學]
설교법[說教法]

235.1-KDC6
251-DDC23   CIP2018018344